守正创新

新时代宣传思想文化工作能力提升八讲

秦强 等 ◎ 编著

人民日报出版社

北京

图书在版编目（CIP）数据

守正创新 / 秦强等编著. -- 北京：人民日报出版社，2023.9

ISBN 978-7-5115-7947-8

Ⅰ.①守… Ⅱ.①秦… Ⅲ.①中国共产党－宣传工作－学习参考资料 Ⅳ.① D261.5

中国国家版本馆 CIP 数据核字 (2023) 第 157874 号

书　　名：	守正创新 SHOUZHENG CHUANGXIN
作　　者：	秦强 等
责任编辑：	程文静　杨晨叶
装帧设计：	元泰书装
出版发行：	人民日报出版社
社　　址：	北京金台西路 2 号
邮政编码：	100733
发行热线：	(010) 65369509　65369512　65363531　65363528
邮购热线：	(010) 65369530
编辑热线：	(010) 65363530
网　　址：	www.peopledailypress.com
经　　销：	新华书店
印　　刷：	大厂回族自治县彩虹印刷有限公司
法律顾问：	北京科宇律师事务所 010-83622312
开　　本：	710mm×1000mm　1/16
字　　数：	235 千字
印　　张：	17.75
版　　次：	2025 年 8 月第 1 版
印　　次：	2025 年 8 月第 1 次印刷
书　　号：	ISBN 978-7-5115-7947-8
定　　价：	56.00 元

前　言

把宣传思想文化工作摆在全局工作的重要位置

宣传思想文化工作事关党的前途命运，事关国家长治久安，事关民族凝聚力和向心力，是一项极端重要的工作，是坚持党的政治路线、加强党的政治建设、加强党的思想政治领导、巩固党的群众基础和执政基础的重要方式，是为实现党的主张和奋斗目标动员组织党员、干部和群众所进行的理论武装、舆论引导、思想教育、文化建设、文明培育等工作和活动。宣传思想文化工作是党领导人民不断夺取革命、建设、改革胜利的优良传统和政治优势。作为党的一项极端重要的工作，宣传思想文化工作必须坚持以马克思列宁主义、毛泽东思想、邓小平理论、"三个代表"重要思想、科学发展观、习近平新时代中国特色社会主义思想为指导，全面贯彻落实习近平文化思想，深刻领悟"两个确立"的决定性意义，牢固树立政治意识、大局意识、核心意识、看齐意识，坚定中国特色社会主义道路自信、理论自信、制度自信、文化自信，坚决维护习近平总书记党中央的核心、全党的核心地位，坚决维护以习近平同志为核心的党中央权威和集中统一领导，担负起新时代新的文化使命，担当举旗帜、聚民心、育新人、兴文化、展形象的使命任务，促进全体人民在理想信念、价值理念、道德观念上紧紧团结在一起，为全面推进强国建设、民族复兴伟业提供坚强思想保证、强大精神力量和有力文化条件。

新时代宣传思想文化工作的根本任务，就是高举中国特色社会主义伟大旗帜，巩固马克思主义在意识形态领域的指导地位，巩固全党全国人民团结奋斗的共同思想基础，建设具有强大凝聚力和引领力的社会主义意识形态，建设具有强大生命力和创造力的社会主义精神文明，建设具有强大感召力和影响力的中华文化软实力。[①] 这"一个高举""两个巩固""三个建设"，聚焦"宣传思想文化工作为什么、干什么"这个根本问题，体现了工作方向、目标和重点任务的有机统一，必须长期坚持、不断发展、努力践行。尤其是这"三个建设"既有联系又有区别，其中，社会主义意识形态建设，既取决于富有说服力、感召力的内容，也取决于广泛有效的传播，最终目的是教育引导广大党员群众牢固树立"时刻听党话、永远跟党走"的坚定信念；社会主义精神文明建设就是要立理想信念之基、铸主流价值之魂、树时代文明之风，培养担当民族复兴大任的时代新人；中华文化软实力建设就是讲好中国故事、传播好中国声音，展现一个真实、立体、全面的中国，增强国际话语权，为构建人类命运共同体贡献中国力量。

党的十八大以来，习近平总书记高度重视宣传思想文化工作，把

---

① 《全面提升新时代宣传工作的科学化规范化制度化水平》，《人民日报》2019年9月1日。

宣传思想文化工作摆在全局工作的重要位置，亲自谋划、亲自指导、亲自推动，先后就宣传思想文化工作发表一系列重要讲话、作出一系列重要指示，深刻回答了宣传思想文化工作方向性、全局性、战略性重大问题，为当前和今后一个时期宣传思想文化工作指方向、定思路、明要求。

在2013年8月19日召开的全国宣传思想工作会议上，习近平总书记指出，我们正处于中华民族伟大复兴的关键节点，正在进行具有许多新的历史特点的伟大斗争，面临的挑战和困难前所未有，宣传思想工作必须坚持团结稳定鼓劲、正面宣传为主的重要方针，坚持巩固壮大主流思想舆论，弘扬主旋律，传播正能量，激发全社会团结奋进的强大力量。做好新时代宣传思想工作的关键是要提高工作质量和水平，把握好时度效，增强吸引力和感染力，让群众爱听爱看、产生共鸣，充分发挥正面宣传鼓舞人、激励人的作用。在事关大是大非和政治原则问题上，必须增强主动性、掌握主动权、打好主动仗，帮助干部群众划清是非界限、澄清模糊认识。为此，宣传思想工作必须要树立以人民为中心的工作导向，把服务群众同教育引导群众结合起来，把满足需求同提高素养结合起来，多宣传报道人民群众的伟大奋斗和火热生活，多宣传报道人民群众中涌现出来的先进典型和感人事迹，丰富人民精神世界，增强人民精神力量，满足人民精神需求。①

在2014年10月15日召开的文艺工作座谈会上，习近平总书记强调，文艺事业是党和人民的重要事业，文艺战线是党和人民的重要战线。长期以来，广大文艺工作者致力于文艺创作、表演、研究、传

---

① 《习近平在全国宣传思想工作会议上强调 胸怀大局把握大势着眼大事 努力把宣传思想工作做得更好》，《人民日报》2013年8月21日。

播，在各自领域辛勤耕耘、服务人民，取得了显著成绩，作出了重要贡献。推动文艺繁荣发展，最根本的是要创作生产出无愧于我们这个伟大民族、伟大时代的优秀作品。文艺工作者应该牢记，创作是自己的中心任务，作品是自己的立身之本，要静下心来、精益求精搞创作，把最好的精神食粮奉献给人民。必须把创作生产优秀作品作为文艺工作的中心环节，努力创作生产更多传播当代中国价值观念、体现中华文化精神、反映中国人审美追求，思想性、艺术性、观赏性有机统一的优秀作品。①

在 2016 年 2 月 19 日召开的党的新闻舆论工作座谈会上，习近平总书记强调，党的新闻舆论工作是党的一项重要工作，是治国理政、定国安邦的大事，要适应国内外形势发展，从党的工作全局出发把握定位，坚持党的领导，坚持正确政治方向，坚持以人民为中心的工作导向，尊重新闻传播规律，创新方法手段，切实提高党的新闻舆论传播力、引导力、影响力、公信力。做好党的新闻舆论工作，事关旗帜和道路，事关贯彻落实党的理论和路线方针政策，事关顺利推进党和国家各项事业，事关全党全国各族人民凝聚力和向心力，事关党和国家前途命运。必须从党的工作全局出发把握党的新闻舆论工作，做到思想上高度重视、工作上精准有力。②

在 2016 年 4 月 19 日召开的网络安全和信息化工作座谈会上，习近平总书记指出，互联网是一个社会信息大平台，亿万网民在上面获得信息、交流信息，这会对他们的求知途径、思维方式、价值观

---

① 习近平：《在文艺工作座谈会上的讲话》，《人民日报》2015 年 10 月 15 日。

② 《习近平在党的新闻舆论工作座谈会上强调 坚持正确方向创新方法手段 提高新闻舆论传播力引导力》，《人民日报》2016 年 2 月 20 日。

念产生重要影响，特别是会对他们对国家、对社会、对工作、对人生的看法产生重要影响。实现"两个一百年"奋斗目标，需要全社会方方面面同心干，需要全国各族人民心往一处想、劲往一处使。如果一个社会没有共同理想，没有共同目标，没有共同价值观，整天乱哄哄的，那就什么事也办不成。我国有13亿多人，如果弄成那样一个局面，就不符合人民利益，也不符合国家利益。凝聚共识工作不容易做，大家要共同努力。为了实现我们的目标，网上网下要形成同心圆。什么是同心圆？就是在党的领导下，动员全国各族人民，调动各方面积极性，共同为实现中华民族伟大复兴的中国梦而奋斗。①

在2016年5月17日召开的哲学社会科学工作座谈会上，习近平总书记强调，一个没有发达的自然科学的国家不可能走在世界前列，一个没有繁荣的哲学社会科学的国家也不可能走在世界前列。坚持和发展中国特色社会主义，哲学社会科学具有不可替代的重要地位，哲学社会科学工作者具有不可替代的重要作用。坚持和发展中国特色社会主义，必须高度重视哲学社会科学，结合中国特色社会主义伟大实践，加快构建中国特色哲学社会科学。②

在2018年4月20日召开的全国网络安全和信息化工作会议上，习近平总书记指出，要提高网络综合治理能力，形成党委领导、政府管理、企业履责、社会监督、网民自律等多主体参与，经济、法律、技术等多种手段相结合的综合治网格局。要加强网上正面宣传，旗帜鲜明坚持正确政治方向、舆论导向、价值取向，深入开展理想

---

① 《习近平主持召开网络安全和信息化工作座谈会强调 在践行新发展理念上先行一步 让互联网更好造福国家和人民》，《人民日报》2016年4月20日。

② 《习近平主持召开哲学社会科学工作座谈会强调 结合中国特色社会主义伟大实践 加快构建中国特色哲学社会科学》，《人民日报》2016年5月18日。

信念教育，深化新时代中国特色社会主义和中国梦宣传教育，积极培育和践行社会主义核心价值观，推进网上宣传理念、内容、形式、方法、手段等创新，把握好时度效，构建网上网下同心圆，更好凝聚社会共识，巩固全党、全国人民团结奋斗的共同思想基础。要压实互联网企业的主体责任，决不能让互联网成为传播有害信息、造谣生事的平台。要加强互联网行业自律，调动网民积极性，动员各方面力量参与治理。①

在2018年8月21日召开的全国宣传思想工作会议上，习近平总书记指出，完成新形势下宣传思想工作的使命任务，必须增强"四个意识"、坚定"四个自信"，自觉承担起举旗帜、聚民心、育新人、兴文化、展形象的使命任务，坚持正确政治方向，在基础性、战略性工作上下功夫，在关键处、要害处下功夫，在工作质量和水平上下功夫，推动宣传思想工作不断强起来，促进全体人民在理想信念、价值理念、道德观念上紧紧团结在一起，为服务党和国家事业全局作出更大贡献。②

在2019年3月4日参加全国政协十三届二次会议文化艺术界、社会科学界委员联组会时，习近平总书记指出，正本清源、守正创新，一个国家、一个民族不能没有灵魂，作为精神事业，文化文艺、哲学社会科学当然就是一个灵魂的创作，一是不能没有，一是不能混乱。做好新形势下文化文艺工作、哲学社会科学工作，需要坚持与时代同步伐、坚持以人民为中心、坚持以精品奉献人民、坚持用明

---

① 《习近平在全国网络安全和信息化工作会议上强调 敏锐抓住信息化发展历史机遇 自主创新推进网络强国建设》，《人民日报》2018年4月22日。

② 《习近平在全国宣传思想工作会议上强调 举旗帜聚民心育新人兴文化展形象 更好完成新形势下宣传思想工作使命任务》，《人民日报》2018年8月23日。

德引领风尚。①

在 2020 年 9 月 22 日召开的教育文化卫生体育领域专家代表座谈会上，习近平总书记指出，中国特色社会主义是全面发展、全面进步的伟大事业，没有社会主义文化繁荣发展，就没有社会主义现代化。统筹推进"五位一体"总体布局、协调推进"四个全面"战略布局，文化是重要内容；推动高质量发展，文化是重要支点；满足人民日益增长的美好生活需要，文化是重要因素；战胜前进道路上各种风险挑战，文化是重要力量源泉。"十四五"时期，我们要把文化建设放在全局工作的突出位置，切实抓紧抓好。要坚持马克思主义在意识形态领域的指导地位，坚守中华文化立场，坚持以社会主义核心价值观引领文化建设，紧紧围绕举旗帜、聚民心、育新人、兴文化、展形象的使命任务，加强社会主义精神文明建设，繁荣发展文化事业和文化产业，不断提高国家文化软实力，增强中华文化影响力，发挥文化引领风尚、教育人民、服务社会、推动发展的作用。把文化建设摆在更加突出位置。要坚定文化自信，推动中华优秀传统文化创造性转化、创新性发展，继承革命文化，发展社会主义先进文化，不断铸就中华文化新辉煌，建设社会主义文化强国。②

在 2021 年 2 月 20 日召开的党史学习教育动员大会上，习近平总书记指出，全面宣传党的历史，充分发挥党的历史以史鉴今、资政育人的作用，是党和国家工作大局中一项十分重要的工作。要在全社会广泛开展党史、新中国史、改革开放史、社会主义发展史宣传教

---

① 习近平：《一个国家、一个民族不能没有灵魂》，《求是》2019 年第 8 期。
② 习近平：《在教育文化卫生体育领域专家代表座谈会上的讲话》，《人民日报》2020 年 9 月 23 日。

育，普及党史知识，推动党史学习教育深入群众、深入基层、深入人心。要鼓励创作党史题材的文艺作品特别是影视作品，精心组织党史主题出版物的出版发行，发挥互联网在党史宣传中的重要作用。要抓好青少年学习教育，着力讲好党的故事、革命的故事、英雄的故事，厚植爱党、爱国、爱社会主义的情感，让红色基因、革命薪火代代传承。①

在 2022 年 10 月 16 日召开的中国共产党第二十次全国代表大会上，习近平总书记把"确立和坚持马克思主义在意识形态领域指导地位的根本制度，新时代党的创新理论深入人心，社会主义核心价值观广泛传播，中华优秀传统文化得到创造性转化、创新性发展，文化事业日益繁荣，网络生态持续向好，意识形态领域形势发生全局性、根本性转变"，作为全面展示过去五年的工作和新时代十年的伟大变革的重要方面，并对未来一段时间的宣传思想工作作出规划部署，强调要坚持马克思主义在意识形态领域指导地位的根本制度，坚持为人民服务、为社会主义服务，坚持百花齐放、百家争鸣，坚持创造性转化、创新性发展，以社会主义核心价值观为引领，发展社会主义先进文化，弘扬革命文化，传承中华优秀传统文化，满足人民日益增长的精神文化需求，巩固全党全国各族人民团结奋斗的共同思想基础，不断提升国家文化软实力和中华文化影响力。②

在 2023 年 6 月 2 日召开的文化传承发展座谈会上，习近平总书记发表重要讲话强调，在新的起点上继续推动文化繁荣、建设文化强

---

① 习近平：《在党史学习教育动员大会上的讲话》，《求是》2021 年第 7 期。

② 习近平：《高举中国特色社会主义伟大旗帜 为全面建设社会主义现代化国家而团结奋斗》，《人民日报》2022 年 10 月 26 日。

国、建设中华民族现代文明，是我们在新时代新的文化使命。要坚定文化自信、担当使命、奋发有为，共同努力创造属于我们这个时代的新文化，建设中华民族现代文明。

在2023年10月7日至8日召开的全国宣传思想文化工作会议上，传达了习近平总书记的重要指示。习近平总书记强调，新时代新征程，世界百年未有之大变局加速演进，中华民族伟大复兴进入关键时期，战略机遇和风险挑战并存，宣传思想文化工作面临新形势新任务，必须要有新气象新作为。这次会议最重要的成果，就是正式提出和系统阐述了习近平文化思想，在党的宣传思想文化事业发展史上具有里程碑意义。

通过这一系列重要讲话，习近平总书记对新时代宣传思想文化工作的各个领域、各个方面、各个环节都提出了明确要求，作出了重要指示，为我们做好新形势下宣传思想文化工作提供了根本遵循。这些重要讲话中所蕴含的重要思想，构成了习近平新时代中国特色社会主义思想的文化篇，形成了习近平文化思想，是我们做好新时代新征程宣传思想文化工作的根本遵循和行动纲领。习近平文化思想，深化了我们党对宣传思想文化工作规律性、前瞻性、战略性的认识，是习近平新时代中国特色社会主义思想的重要内容，是推进新时代宣传思想文化事业的顶层设计，也是谋划新形势下宣传思想文化工作的根本遵循，标志着我们党对社会主义文化建设规律的认识达到了新高度，表明我们党的历史自信、文化自信达到了新高度，是中国文化建设的重要里程碑，为做好新时代新征程宣传思想文化工作、推动文化繁荣、建设文化强国提供了强大思想武器和科学行动指南。

宣传思想文化工作是专业性很强的工作，没有几把刷子是干不了的，没有高素质、好把式、真功夫是干不出漂亮活的。随着中国特色社会主义进入新时代，宣传思想文化工作面临的形势任务、受众需求、媒体格局、舆论环境发生了新的变化，对宣传思想文化工作的管理要求也与过去有了很大的不同。作为宣传思想文化工作者，要有能力不足、本领恐慌的危机感，学习新思想、掌握新知识、熟悉新领域、开拓新视野，强化责任担当，增强本领能力，学深悟透、学思践行，不断增强脚力、眼力、脑力、笔力，努力把自己培养成"政治过硬、本领高强、求实创新、能打胜仗"的合格工作者。干事需要担当，担当需要能力。有勇气、有担当很重要，但有本事、有能力更关键。我们不仅要敢干事，还要会干事，更要干成事。对此，必须勤于学习、善于思考、精于表达，提高政治素质、提升业务本领，培育过硬的政治能力和强烈的专业素养，把初心使命刻在心里、把责任担当扛在肩上、把使命任务握在手中，锐意进取、勇于创新，切实提高干事创业、履职尽责的本领能力，为党和国家的宣传思想文化事业谱写新的篇章、作出更大贡献。

目录

第一讲 把守正创新作为新形势下宣传思想文化工作的时代特征

第一节 新时代宣传思想文化工作取得的历史性成就和历史性变革 / 003

第二节 新形势下宣传思想文化工作面临的前所未有的机遇与挑战 / 016

第三节 新时代宣传思想文化工作进入了守正创新的重要阶段 / 027

第二讲 把增强"脚力、眼力、脑力、笔力"作为宣传思想文化工作能力提升的基本路径

第一节 增强脚力,大兴调查研究之风 / 037

第二节 增强眼力,不断强化问题导向 / 046

第三节 增强脑力,提高解决问题的能力与水平 / 054

第四节 增强笔力,解决善于表达、勇于创新的问题 / 060

第三讲　把提高政治素质作为宣传思想文化工作能力提升的根本要求

第一节　宣传思想文化工作是政治工作，讲政治是第一位的要求 / 071

第二节　用习近平新时代中国特色社会主义思想把宣传思想文化战线武装起来 / 090

第三节　把坚持正确政治方向的要求贯穿融入宣传思想文化工作各环节、全过程 / 101

第四讲　把增强专业本领作为宣传思想文化工作能力提升的关键核心

第一节　宣传思想文化战线需要强烈的专业精神和过硬的专业能力 / 113

第二节　把更多的精力放在提高建网、用网、治网的能力上 / 123

第三节　勤于学习、善于思考、精于表达 / 136

第五讲　把锐意创新创造作为宣传思想文化工作能力提升的紧要环节

第一节　做好宣传思想文化工作比以往任何时候都更加需要创新 / 147

第二节　坚持守正创新、锐意进取的基本要求 / 156

第三节　不断增强宣传思想文化工作的原则性、系统性、
预见性、创造性 / 170

第六讲　把锤炼优良作风作为宣传思想文化工作能力提升的基础保证

第一节　坚持和自觉践行党的群众路线 / 187

第二节　形式主义、官僚主义是宣传思想文化战线作风建设首先要克服和解决的问题 / 194

第三节　切实改进文风，不断增强亲和力、感染力、
吸引力 / 199

第四节　大力弘扬唯实求真精神　 / 203

第七讲　把"政治过硬、本领高强、求实创新、能打胜仗"作为宣传思想文化工作能力提升的任务目标

第一节　新时代宣传思想文化工作队伍综合素质、能力水平、
精神风貌的集中体现 / 211

第二节　政治过硬、本领高强、求实创新、能打胜仗的
具体内涵 / 215

第三节　自觉肩负起新时代宣传思想文化工作的
使命任务 / 229

第八讲 把提升宣传思想文化工作能力作为一项基础性、战略性工程来抓

第一节 推动宣传思想文化工作队伍素质能力有一个大的提升 / 241

第二节 把解决思想上、能力上、作风上的问题同解决实际工作中的问题结合起来 / 246

第三节 切实加强党对宣传思想文化工作的全面领导 / 257

后　记 / 267

第一讲

把守正创新作为新形势下宣传思想文化工作的时代特征

宣传思想文化工作是专业性很强的工作，没有几把刷子是干不了的，没有高素质、好把式、真功夫是干不出漂亮活的。党的十八大以来，以习近平同志为核心的党中央从全面推进强国建设、民族复兴伟业的战略高度，系统规划和全面推进宣传思想文化工作，重视程度前所未有，力度之大前所未有。习近平总书记站在时代高点、历史前沿，发表了一系列关于宣传思想文化工作的重要讲话，这些重要论述遍及理论武装、新闻出版、舆论引导、哲学社会科学研究、精神文明建设、文化艺术、互联网宣传和对外宣传等各个领域、各个方面，这些新思想新观点新论断，为做好新时代宣传思想文化工作提供了重要遵循，为宣传思想文化战线提高本领能力指明了努力方向。

第一讲 把守正创新作为新形势下宣传思想文化工作的时代特征

第一节 新时代宣传思想文化工作取得的历史性成就和历史性变革

党的二十大报告在总结过去五年的工作和展示新时代十年的伟大变革中提出,我们确立和坚持马克思主义在意识形态领域指导地位的根本制度,新时代党的创新理论深入人心,社会主义核心价值观广泛传播,中华优秀传统文化得到创造性转化、创新性发展,文化事业日益繁荣,网络生态持续向好,意识形态领域形势发生全局性、根本性转变。我们隆重庆祝中国人民解放军建军九十周年、改革开放四十周年,隆重纪念中国人民抗日战争暨世界反法西斯战争胜利七十周年、中国人民志愿军抗美援朝出国作战七十周年,成功举办北京冬奥会、冬残奥会,青年一代更加积极向上,全党全国各族人民文化自信明显增强、精神面貌更加奋发昂扬。①党的十八大以来,新时代宣传思想文化工作取得的历史性成就和历史性变革主要有以下内容。

---

① 习近平:《高举中国特色社会主义伟大旗帜 为全面建设社会主义现代化国家而团结奋斗——在中国共产党第二十次全国代表大会上的报告》,《人民日报》2022年10月26日。

一、以习近平同志为核心的党中央把宣传思想文化工作摆在极端重要的位置，为新的历史条件下做好工作指明前进方向、提供根本遵循

党的十八大以来，习近平总书记始终高度重视宣传思想文化工作，出席两次全国宣传思想工作会议、文艺工作座谈会、党的新闻舆论工作座谈会、网络安全和信息化工作座谈会、哲学社会科学工作座谈会、全国高校思想政治工作会议、学校思想政治理论课教师座谈会、文化传承发展座谈会等重要会议，发表一系列重要讲话，作出一系列重要指示批示，把我们党对宣传思想文化工作的重要性认识和规律性把握提升到一个新的高度。习近平文化思想是习近平新时代中国特色社会主义思想的重要组成部分，构成了习近平新时代中国特色社会主义思想的文化篇，为宣传思想文化工作的理论创新、实践创新和制度创新提供了根本指引。党中央高度重视宣传思想文化领域的制度建设，以制度建设来规范和推动工作，先后出台《中共中央关于繁荣发展社会主义文艺的意见》《关于培育和践行社会主义核心价值观的意见》《关于实施中华优秀传统文化传承发展工程的意见》《关于加快构建中国特色哲学社会科学的意见》《关于推进新时代古籍工作的意见》《国家"十四五"时期哲学社会科学发展规划》等一系列重要文件，出台《党委（党组）意识形态工作责任制实施办法》《中国共产党党委（党组）理论学习中心组学习规则》《中国共产党宣传工作条例》《党史学习教育工作条例》等一系列中央党内法规，在宣传思想文化领域实施一系列重大改革和机构调整，搭建起全面系统、科学完整的工作

体系。

宣传思想文化战线坚持以习近平文化思想为指引,扎实落实党中央关于宣传思想文化工作的重大决策部署,深刻领悟"两个确立"的决定性意义,牢固树立"四个意识",坚定"四个自信",做到"两个维护",以强烈的责任担当推动事业迈上新台阶、开创新局面。一是前进方向更明确。以党的旗帜为旗帜,以党的方向为方向,以党的意志为意志,宣传思想文化战线站稳政治立场、增强政治能力、严守政治纪律、强化政治担当。同时,坚持党性和人民性相统一,树立以人民为中心的工作导向,把体现党的主张和反映人民心声统一起来。二是实现路径更清晰。围绕"两个巩固"的根本任务,用党的理论创新成果武装全党、教育人民,提振精气神;营造积极健康向上的思想舆论氛围,传递正能量;努力创作生产更多优秀作品,推动社会主义文艺繁荣发展;持续培育和践行社会主义核心价值观,进一步弘扬崇德向善的新风正气。三是肩负责任更严实。在围绕中心、服务大局中找到坐标、找准定位,哲学社会科学工作者要成为先进思想的倡导者、学术研究的开拓者、社会风尚的引领者、党执政的坚定支持者,新闻舆论工作者要牢记"48字"职责使命,文艺工作者要把崇德尚艺作为一生的功课。这所有的工作,正是得益于习近平新时代中国特色社会主义思想特别是习近平文化思想的科学指引,才使得各级党委(党组)大大提升了对宣传思想文化工作极端重要性的认识,将其摆在全局工作的重要位置,大大增强了各级领导干部做好宣传思想文化工作的责任感和自信心。

二、坚持不懈抓好理论武装，推动党的理论创新成果更加深入人心，全党全社会的道路自信、理论自信、制度自信、文化自信更加坚定

党的十九大将习近平新时代中国特色社会主义思想确立为党必须长期坚持的指导思想，为做好新时代宣传思想文化工作提供了科学的思想指引。党的二十大报告强调，不断谱写马克思主义中国化时代化新篇章，是当代中国共产党人的庄严历史责任。理论创新每前进一步，理论武装就必须跟进一步。各级党委（党组）理论学习中心组充分发挥学习习近平新时代中国特色社会主义思想的"排头兵"作用，着力在提高学习质量和效果上下功夫。从中央到地方，从学校、工厂到田间、地头，广泛开展多层次的对象化、分众化、互动化宣讲活动，把中央精神讲全、讲准、讲透，讲进人们心里，让党的创新理论真正"飞入寻常百姓家"。出版了《习近平著作选读》《习近平谈治国理政》《习近平总书记系列重要讲话读本》《习近平新时代中国特色社会主义思想三十讲》《习近平新时代中国特色社会主义思想学习纲要》《习近平新时代中国特色社会主义思想学习问答》等一大批权威读物，帮助全党全社会更加深刻领会习近平新时代中国特色社会主义思想的精髓要义，特别是《习近平谈治国理政》系列图书，以20多个语种在全球发行，平均单卷发行超过1000万册，广受世界读者好评。

同时，广大理论工作者认真学习习近平新时代中国特色社会主义思想特别是习近平文化思想的丰富内涵、精神实质、基本要求，推出一大批理论文章，阐释讲话蕴含的重大政治意义、理论意义、实践意

义，在社会上产生了重要影响。面对新形势新要求，充分发挥思想理论工作"四大平台"作用，理论研究阐释能力得到有力加强。① 马克思主义理论研究和建设工程是"龙头"，深入开展重大现实问题、重大思想理论问题和重大实践经验总结课题研究；中国特色社会主义理论体系研究中心，勇当研究阐释党的创新理论成果的"排头兵"；马克思主义学院建设力度空前，前四批共43所全国重点马克思主义学院成为理论人才培养的高地；报刊网络理论宣传阵地发挥思想理论宣传引导的主渠道作用，让主流思想舆论阵地的"红色地带"越来越宽广。面对新形势新要求，哲学社会科学界贯彻落实习近平总书记在哲学社会科学工作座谈会上的重要讲话精神，着力提升学术原创能力，推进中国学术理论创新。面对新形势新要求，高端智库建设风生水起，首批25家试点智库的工作频频创新。"智库能量"以前瞻务实的研究成果咨政建言，用增信释疑的权威观点凝聚共识。在"南海仲裁案"这场披着法律外衣的政治闹剧面前，中国智库把对话会、研讨会开到华盛顿、海牙、新加坡，成为站上国际舞台、阐明中国主张的重要力量。② 宣传思想文化工作在理论武装层面更有底气、更有自信、更有实效，使全党全社会全民族的精神得以逐渐在习近平新时代中国特色社会主义思想的持续深化中"重塑"，中国共产党、中国人民、中华民族的主心骨更加坚定，实现理论从精神上的被动转化为完全主动。

---

① 马克思主义理论研究和建设工程、中国特色社会主义理论体系研究中心、马克思主义学院、报刊网络理论宣传阵地"四大平台"，是新形势下汇集力量深化拓展马克思主义理论研究和宣传教育、加强党的思想理论工作的重要抓手，是党中央加强思想理论建设的一项重大战略举措和系统工程。

② 霍小光、张晓松、黄小希、施雨岑：《主旋律更响亮 正能量更强劲——党的十八大以来宣传思想工作综述》，《人民日报》2017年9月21日。

三、顺应媒体格局深刻变革，牢牢把握正确导向，推进媒体融合发展，巩固壮大主流舆论、奏响时代最强音

党的十八大以来，以习近平同志为核心的党中央深刻把握时代发展大势和媒体发展规律，作出了推动传统媒体和新兴媒体融合发展的重大决策。习近平总书记总揽全局，以极大精力亲自谋划部署、亲自指导推动，发表一系列重要讲话，作出一系列重要论述和指示要求，深刻阐述了推动媒体融合发展，不断提升新闻舆论的传播力、引导力、影响力、公信力的一系列战略性问题。习近平总书记强调，推动媒体融合发展、建设全媒体成为我们面临的一项紧迫课题。要运用信息革命成果，推动媒体融合向纵深发展，做大做强主流舆论，巩固全党全国人民团结奋斗的共同思想基础，为实现"两个一百年"奋斗目标、实现中华民族伟大复兴的中国梦提供强大精神力量和舆论支持。要坚持一体化发展方向，加快从相加阶段迈向相融阶段，打造一批具有强大影响力、竞争力的新型主流媒体。要坚持移动优先策略，让主流媒体借助移动传播，牢牢占据舆论引导、思想引领、文化传承、服务人民的传播制高点。要探索将人工智能运用在新闻采集、生产、分发、接收、反馈中，全面提高舆论引导能力。要形成资源集约、结构合理、差异发展、协同高效的全媒体传播体系。依法加强新兴媒体管理。要推动媒体融合向纵深发展，加快构建融为一体、合而为一的全媒体传播格局。正能量是总要求，管得住是硬道理，用得好是真本事。要抓紧做好顶层设计，打造新型传播平台，建成新型主流媒体，扩大主流价值影响力版图，让党的声音传得更开、更广、更深入。要旗帜鲜

明坚持正确的政治方向、舆论导向、价值取向，通过理念、内容、形式、方法、手段等创新，使正面宣传质量和水平有一个明显提高。主流媒体要及时提供更多真实客观、观点鲜明的信息内容，牢牢掌握舆论场主动权和主导权。要使全媒体传播在法治轨道上运行，全面提升技术治网能力和水平。各级领导干部要增强同媒体打交道的能力，不断提高治国理政能力和水平。为了贯彻落实好习近平总书记关于媒体融合的重要部署要求，"中央媒体坚持移动媒体优先，着力突破采编发流程再造这个关键环节，着力抓好'中央厨房'建设这个龙头工程，努力建设新型主流媒体和媒体集团。经过几年的努力，媒体融合发展成效日益显现，逐步形成了传统媒体与新兴媒体优势互补、此长彼长的局面，深度融合的良好态势正在形成"①。

四、坚持贯穿结合融入、落细落小落实，社会主义核心价值观日益成为全社会的思想共识和行动自觉

党的十八大以来，以习近平同志为核心的党中央高度重视社会主义文化建设，牢牢掌握意识形态工作的领导权、管理权、话语权，大力培育和践行社会主义核心价值观，提高全民族思想道德水平，推动文化事业全面繁荣和文化产业快速发展，为实现中华民族伟大复兴的中国梦提供思想保证、精神力量、道德滋养。习近平总书记围绕社会主义核心价值观的培育和践行发表一系列重要论述，强调要加强社会主义核心价值体系建设，倡导富强、民主、文明、和谐，倡导自由、

---

① 霍小光、张晓松、黄小希、施雨岑：《主旋律更响亮 正能量更强劲——党的十八大以来宣传思想工作综述》，《人民日报》2017年9月21日。

平等、公正、法治，倡导爱国、敬业、诚信、友善，积极培育和践行社会主义核心价值观，使之成为全体人民的共同价值追求。要全面提高公民道德素质，弘扬真善美、贬斥假恶丑，培育知荣辱、讲正气、作奉献、促和谐的良好风尚。核心价值观是文化软实力的灵魂、文化软实力建设的重点。这是决定文化性质和方向的最深层次要素。一个国家的文化软实力，从根本上说，取决于其核心价值观的生命力、凝聚力、感召力。培育和弘扬核心价值观，有效整合社会意识，是社会系统得以正常运转、社会秩序得以有效维护的重要途径，也是国家治理体系和治理能力的重要方面。历史和现实都表明，构建具有强大感召力的核心价值观，关系社会和谐稳定，关系国家长治久安。要讲清楚中华优秀传统文化的历史渊源、发展脉络、基本走向，讲清楚中华文化的独特创造、价值理念、鲜明特色，增强文化自信和价值观自信。要认真汲取中华优秀传统文化的思想精华和道德精髓，大力弘扬以爱国主义为核心的民族精神和以改革创新为核心的时代精神，深入挖掘和阐发中华优秀传统文化讲仁爱、重民本、守诚信、崇正义、尚和合、求大同的时代价值，使中华优秀传统文化成为涵养社会主义核心价值观的重要源泉。要处理好继承和创造性发展的关系，重点做好创造性转化和创新性发展。要切实把社会主义核心价值观贯穿于社会生活方方面面。要通过教育引导、舆论宣传、文化熏陶、实践养成、制度保障等，使社会主义核心价值观内化为人们的精神追求，外化为人们的自觉行动。榜样的力量是无穷的，广大党员、干部必须带头学习和弘扬社会主义核心价值观，用自己的模范行为和高尚人格感召群众、带动群众。要从娃娃抓起、从学校抓起，做到进教材、进课堂、进头脑。要润物细无声，运用各类文化形式，生动具体地表现社会主义核心价值观，用高质量高水平的作品形象地告诉人们什么是真善美，什么是假恶丑，什么是值得肯定和赞扬的，什么是必须否定和反对的。在党的十九大报告中，习近平总书记指出，社会主义核心价值观是当代中国精神的集中体现，凝结着全体人民共同的价值追求；培育和践行社会主义核心价值观，不断增强意识形态领域主导权和话语权，推动中华优秀传统文化创造性转化、创新性发展，继承革命文化，发展社会主义先进文化，不忘本来、吸收外来、面向未来，更好构筑中国精神、中国价值、中国力量，为人民提供精神指引。① 在党的二十大报告中，习近平总书记进一步强调，社会主义核心价值观是凝聚人心、汇聚民力的强大力量。弘扬以伟大建党精神为源头的中国共产党人精神谱系，用好红色资源，深入开展社会主义核心价值观宣传教育，深化爱国主义、集体主义、社会主义教育，着力培养担当民族复兴大任的时代新人。推动理想信念教育常态化制度化，持续抓好党史、新中国史、改革开放史、社会主义发展史宣传教育，引导人民知史爱党、知史爱国，不断坚定中国特色社会主义共同理想。用社会主义核心价值观铸魂育人，完善思想政治工作体系，推进大中小学思想政治教育一体化建设。坚持依法治国和以德治国相结合，把社会主义核心价值观融入法治建设、融入社会发展、融入日常生活。② 这一系列重要论述，标志着当代中国培育和践行社会主义核心价值观的战略意义，特别是其对于提升国家文化软实力的重要性的高度自觉，对于我们正确理解社会主义核心价值观与当代中国文化软实力建设之间的关系具有重要的

---

① 习近平：《决胜全面建成小康社会 夺取新时代中国特色社会主义伟大胜利——在中国共产党第十九次全国代表大会上的报告》，《人民日报》2017年10月28日。

② 习近平：《高举中国特色社会主义伟大旗帜 为全面建设社会主义现代化国家而团结奋斗——在中国共产党第二十次全国代表大会上的报告》，《人民日报》2022年10月26日。

指导意义。

宣传思想文化战线牢记习近平总书记的嘱托，紧紧抓住培育和弘扬社会主义核心价值观这个凝魂聚气、强基固本的基础工程，坚持贯穿结合融入、落细落小落实，充分发挥社会主义核心价值观的引领作用，使核心价值观的影响像空气一样无所不在、无时不有。培育和践行社会主义核心价值观，要立足于中华优秀传统文化。宣传思想文化战线深入阐发中华优秀传统文化讲仁爱、重民本、守诚信、崇正义、尚和合、求大同的时代价值，创作"图说我们的价值观"公益广告，运用诗词、楹联、书法、剪纸等传统文化形式加以呈现，并在新闻媒体、街头巷尾广泛传播，成为一道亮丽风景。培育和践行社会主义核心价值观，要注重榜样示范和价值引领。我们的时代英雄辈出，既有"时代楷模"的榜样引领，也有"最美人物""身边好人"的大量涌现。经过这些年来的不懈努力，各行各业规章制度更加健全，市民公约、乡规民约、学生守则等行为准则更加完善，社会主义核心价值观逐渐成为人们日常工作生活的基本遵循。通过组织开展形式多样的纪念庆典活动，比如国庆阅兵仪式、国家公祭日仪式等，主流价值得到进一步彰显，人民群众对社会主义核心价值观的认同感逐步内化于心、外化于行。各种精神文明创建活动充分融入社会主义核心价值观的要求，广大群众积极参与，为家庭谋幸福、为他人送温暖、为社会作贡献的思想和行动自觉更加统一，全社会的精神境界正在提高、文明风尚正在建立，社会主义核心价值观的影响像空气一样无所不在、无时不有的良好氛围已然形成。

五、以改革创新激发活力,从传统文化中汲取养分,推动文艺创作从"高原"迈向"高峰",社会主义文化事业谱写崭新篇章

文艺从来就担负着举精神旗帜、立精神支柱、建精神家园的崇高使命和神圣职责。党的十八大以来,习近平总书记高度重视党的文艺事业。2014年10月15日,习近平总书记主持召开文艺工作座谈会并发表重要讲话强调,文艺是时代前进的号角,最能代表一个时代的风貌,最能引领一个时代的风气。实现"两个一百年"奋斗目标、实现中华民族伟大复兴的中国梦,文艺的作用不可替代,文艺工作者大有可为。同时,习近平总书记还一针见血地指出,在文艺创作方面,也存在着有数量缺质量、有"高原"缺"高峰"的现象,存在着抄袭模仿、千篇一律的问题,存在着机械化生产、快餐式消费的问题。文艺不能在市场经济大潮中迷失方向,不能在为什么人的问题上发生偏差,否则文艺就没有生命力。所以,习近平总书记号召广大文艺工作者要从这样的高度认识文艺的地位和作用,认识自己所担负的历史使命和责任,坚持以人民为中心的创作导向,努力创作更多无愧于时代的优秀作品,弘扬中国精神、凝聚中国力量,鼓舞全国各族人民朝气蓬勃迈向未来。①2019年3月4日,习近平总书记看望参加政协会议的文艺界社科界委员时再次强调,文化文艺工作者、哲学社会科学工作者都肩负着启迪思想、陶冶情操、温润心灵的重要职责,承担着以

---

① 习近平:《在文艺工作座谈会上的讲话》,《人民日报》2015年10月15日。

文化人、以文育人、以文培元的使命。大家理应以高远志向、良好品德、高尚情操为社会作出表率。要有信仰、有情怀、有担当，树立高远的理想追求和深沉的家国情怀，努力做对国家、对民族、对人民有贡献的艺术家和学问家。要坚守高尚职业道德，多下苦功、多练真功，做到勤业精业。要自觉践行社会主义核心价值观，自尊自重、自珍自爱，讲品位、讲格调、讲责任。①

在习近平新时代中国特色社会主义思想特别是习近平文化思想指引下，新时代文艺工作者坚持以人民为中心的创作导向，不断增强文化自信与文化自觉，以火热的文艺创作融入并记录壮阔时代，为实现中华民族伟大复兴中国梦凝心聚力。在文艺创作方面，创作推出一批具有中国风格中国气派的优秀作品。比如，电视纪录片《将改革进行到底》《永远在路上》等充分反映党的十八大以来以习近平同志为核心的党中央奋力推进全面深化改革的伟大实践；电影《长津湖》《百团大战》《血战湘江》，电视剧《跨过鸭绿江》《海棠依旧》《彭德怀元帅》《绝命后卫师》，戏剧《雨花台》《西安事变》等，生动塑造了革命先辈和模范的光辉形象，弘扬了崇高理想和英雄气概；《战狼2》《红海行动》等一大批格调豪迈、内容厚重、催人奋进的主旋律文艺作品竞相涌现。纪录片《记住乡愁》《我在故宫修文物》，电视节目《中国汉字听写大会》《中国诗词大会》《朗读者》等无不收视、口碑双丰收，成为社会的热门话题，印证着中华优秀传统文化的强大生命力。在服务群众方面，把深入生活搞创作与扎根基层服务群众结合起来，为基层送文化种文化，近年来数十万艺术家、文艺志愿者、基层文艺骨干

---

① 习近平：《论党的宣传思想工作》，中央文献出版社2020年版，第370页。

奔赴基层。在完善制度方面，中央全面深化改革领导小组第二次会议通过《深化文化体制改革实施方案》，新一轮文化体制改革有了明确的路线图、时间表和任务书。进一步完善评价激励和保障机制，改革文艺评奖制度，全国性文艺评奖大幅压缩，合理设置反映市场接受程度的发行量、收听收视率、票房收入等量化指标；中宣部等部门联合印发通知，要求加强对影视行业天价片酬、"阴阳合同"、偷逃税等问题的治理，促进影视业健康发展。"等闲识得东风面，万紫千红总是春。"赶上好时代的中国文艺，百花竞艳、欣欣向荣。2021年，中宣部牵头组织开展文娱领域综合整治，站位高，定位准，行动快，力度大，措施实，效果好，充分彰显了党中央整治文娱乱象的鲜明态度和坚定决心，集中整治了一批突出问题，促进了文娱领域思想认识的提高、行为秩序的规范和规章制度的健全，廓清了文娱领域风气，深得业界的拥护和社会的好评。我们相信，在以习近平同志为核心的党中央坚强领导下，在以习近平新时代中国特色社会主义思想特别是习近平文化思想的指引下，中国的文艺事业必将不负时代、无愧人民，继续谱写社会主义文化事业的新篇章。

第二节　新形势下宣传思想文化工作面临的前所未有的机遇与挑战

中国特色社会主义进入了新时代，新时代带来了新使命、新任务、新方略、新要求。宣传思想文化工作作为中国特色社会主义事业的重要组成部分，就必须紧跟新时代、拥抱新时代、服务新时代。2018年8月，习近平总书记在全国宣传思想工作会议上指出，新形势下，宣传思想文化工作面临"四个前所未有"的艰巨任务：统一思想、凝聚力量任务之艰巨前所未有；增强国际话语权、提升国家文化软实力任务之艰巨前所未有；建设具有强大凝聚力和引领力的社会主义意识形态任务之艰巨前所未有；改进创新宣传思想工作任务之艰巨前所未有。虽然，经过多年来的努力，我们在这四个方面的工作，都取得了显著的成效。但我们也要看到，越是面临艰巨任务，越是需要敢于担当、勇于作为。当前，这"四个前所未有"的艰巨任务，仍然是广大宣传思想文化工作者必须要正视的现实问题，也迫切需要宣传思想文化战线统一思想凝心聚力、艰苦奋斗、共克时艰，共同打赢"四个前所未有"之大战役。

一、关于"统一思想、凝聚力量任务之艰巨前所未有"的重大判断

人心是最大的政治,共识是奋进的动力。宣传思想工作就是要巩固马克思主义在意识形态领域的指导地位,巩固全党全国人民团结奋斗的共同思想基础。我们党历来高度重视宣传思想文化工作,无论是革命战争年代、社会主义建设时期,还是在改革开放以后,党的宣传思想文化工作不断发挥着统一思想、凝聚力量的重要作用,成为党和国家事业不断取得胜利的重要法宝。习近平总书记强调,中国特色社会主义进入新时代,必须把统一思想、凝聚力量作为宣传思想工作的中心环节。这一重要论断,立足坚持和发展新时代中国特色社会主义的战略全局,深刻阐明了做好宣传思想文化工作的重大意义,具有很强的战略性、现实性和针对性。统一思想、凝聚力量,就是要高举思想旗帜,用党的理论创新成果凝聚广泛思想共识、熔铸坚实的精神支撑,促进全体人民在理想信念、价值理念、道德观念上紧紧凝聚在一起;就是要让党的创新理论成为新时代最强音,引导广大干部群众把思想统一到习近平新时代中国特色社会主义思想和党中央决策部署,坚定自信、鼓舞斗志,同心同德、团结奋斗,最终实现党确定的战略目标,夺取中国特色社会主义新胜利。

但是,就目前来看,用党的创新理论统一思想、凝聚力量的任务还很艰巨。对党的创新理论成果的学习还存在"碎片化""浅表化""标签化"等浅尝辄止的问题,还没有切实做到深学、笃信、践行。比如,

有的人对理论武装头脑的紧迫性认识不足，理论学习不够重视，学习的自觉性、主动性和积极性不足、针对性不强，不分层次，一般通读多，重点精读少。有的人对理论的钻研不深入，没有在把握习近平新时代中国特色社会主义思想的精髓要义上下功夫。对理论学习浅尝辄止，不求甚解。理论联系实际不够，学用脱节，运用理论指导实践的意识不强，没有充分把理论和实践紧密地联系起来，没有运用马克思主义的立场、观点、方法来分析和解决问题、指导工作、提高工作水平。比如，有些人理想信念不坚定，精神上严重缺"钙"。特别是近年来，个别人把追求物质利益作为实现人生"理想"的唯一目标，变得追逐名利，弄虚作假，道德沦丧。个别共产党员和领导干部受不良思潮的影响，忘记了自己的入党誓词和初衷，私心和贪欲无限膨胀，陷入贪污腐败的泥潭，成为党和人民的败类。

对此，宣传思想文化战线要在学习、宣传、研究马克思主义中国化上担当尽责，当好马克思主义传道者、布道者，以新的精神状态和奋斗姿态，推动党的创新理论"飞入寻常百姓家"，引导广大干部群众进一步拥护"两个确立"，树牢"四个意识"，坚定"四个自信"，践行"两个维护"，推动全党全社会更加紧密地团结在以习近平同志为核心的党中央周围，不忘初心、继续前进，以史为鉴、开创未来，为实现强国建设、民族复兴伟业而不懈奋斗，努力创造无愧于时代、无愧于人民、无愧于历史的新业绩。

二、关于"增强国际话语权、提升国家文化软实力任务之艰巨前所未有"的重大判断

习近平总书记指出,提高国家文化软实力,关系"两个一百年"奋斗目标和中华民族伟大复兴中国梦的实现。国际话语权是国家文化软实力的重要组成部分。要精心构建对外话语体系,发挥好新兴媒体作用,增强对外话语的创造力、感召力、公信力,讲好中国故事,传播好中国声音,阐释好中国特色。提高国家文化软实力,要努力提高国际话语权,加强国际传播能力建设,精心构建对外话语体系,发挥好新兴媒体作用,增强对外话语的创造力、感召力、公信力,讲好中国故事,传播好中国声音,阐释好中国特色;要加大对中国人民、中华民族的优秀文化和光荣历史的正面宣传力度;通过学校教育、理论研究、历史研究、影视作品、文学作品等多种方式,加强爱国主义、集体主义、社会主义教育,引导我国人民树立和坚持正确的历史观、民族观、国家观、文化观,增强做中国人的骨气和底气。①

关于增强国际话语权,习近平总书记在哲学社会科学工作座谈会上指出,加快构建中国特色哲学社会科学。哲学社会科学的特色、风格、气派,是发展到一定阶段的产物,是成熟的标志,是实力的象征,也是自信的体现。我国是哲学社会科学大国,研究队伍、论文数量、政府投入等在世界上都是排在前面的,但目前在学术命题、学术思想、学术观点、学术标准、学术话语上的能力和水平同我国综合国力和国

---

① 习近平:《论党的宣传思想工作》,中央文献出版社2020年版,第48—51页。

际地位还不太相称。① 要发挥我国哲学社会科学作用，就要注意加强话语体系建设。在解读中国实践、构建中国理论上，我们应该最有发言权，但实际上我国哲学社会科学在国际上的声音还比较小，还处于"有理说不出、说了传不开"的境地。这些年来，尽管我们在提高国际话语权方面取得了重要进展，但同西方国家相比，我们还有不小差距。应该承认，对国际话语权的掌握和运用，我们总的还是生手，在很多场合还是人云亦云，甚至存在舍己芸人现象。具体来说，主要表现有："在回应国际舆论对我国政策的歪曲和对我国制度的抹黑上比较乏力，'有理说不清'；在国际舆论议题设置上缺乏足够能力，常常只能被动接受；在外交政策的实行与国际责任的承担上，我们做得合理合法合情，却经常遭到西方的无端指责；等等。可以说，尽管近年来我国国际话语权有了较大程度提升，但'西强我弱'的格局还没有根本改变。"②

关于提升国家文化软实力，习近平总书记把文化自信放到同道路自信、理论自信、制度自信同等的高度来统筹部署推进，多次强调文化自信是更基础、更广泛、更深厚的自信，是更基本、更深沉、更持久的力量。近年来，通过社会主义核心价值观的培育和践行，通过对中华优秀传统文化的挖掘和传承以及新时代文化事业产业的快速发展，我们的民族自信心、文明自豪感更加强烈，在对外文化交流中更有底气和信心。但是不可否认，随着经济全球化深入发展，西方文化不可避免对国人的价值观念、思维方式、审美情趣等产生影响，一些人对中国传统文化、对增强中华文化的国际影响力感到不自信，有的

---

① 习近平：《论党的宣传思想工作》，中央文献出版社2020年版，第226页。
② 张志洲：《切实改变国际话语权"西强我弱"格局》，《人民日报》2016年9月20日。

甚至恶意贬低自己的优秀传统文化。比如，有的人崇洋媚外，总觉得外国的月亮比中国的圆，于是照抄照搬，食洋不化；有的人好的方面必称西方，差的方面必言中国，看不上当代中国制度文化、看不见中国非凡发展成就、看不到中国文化空前繁荣；有的人热衷于过洋节，万圣节、圣诞节忙得不亦乐乎，对中国传统的节日却置若罔闻；有的人表面上很强势，批判西方文化言辞激烈，以中国文化特殊论否定世界文化共同性，实际上是不敢面对世界文化，不敢参与国际文化对话，这仍然是一种文化弱势心理的表现。在文化产品生产上，这些年每年生产大量的图书、影视作品，但真正适合人们需要的还不是很多，文化消费可选择性较差，大量重复、质量不高的产品充斥市场。有些作品则是"有意思、没意义"，缺乏精细加工，缺乏艺术魅力；更有甚者片面追求销售量、收视率和点击率，搜奇猎艳、虚无穿越、媚俗搞怪、低级趣味，导致部分作品低俗、庸俗、媚俗。公共文化服务与群众需要尚未精准对接，很多城市重基础设施建设、轻管理使用，公共文化设施"硬件"过硬，但"软件"又过软，仍然沿袭"我供你用""我演你看"的单向输出模式，互动性、联动性、针对性较差，资源共建、共享力度不够，有的文化下乡活动"热在县里，冷在乡里，僵在村里"。这些都严重地影响着文化建设的成效，不利于中华优秀传统文化的传承与发展，建设文化强国还有很长的路要走。

三、关于"建设具有强大凝聚力和引领力的社会主义意识形态任务之艰巨前所未有"的重大判断

习近平总书记在2013年8月19日召开的全国宣传思想工作会

| 守正创新　新时代宣传思想文化工作能力提升八讲

议上指出，经济建设是党的中心工作，意识形态工作是党的一项极端重要的工作，能否做好意识形态工作，事关党的前途命运，事关国家长治久安，事关民族凝聚力和向心力。① 习近平总书记之所以强调意识形态工作是党的一项极端重要的工作，之所以如此重视意识形态工作，说得大一点，是因为意识形态建设是党的建设的重要组成部分，不仅关系党的执政地位的巩固，而且关系改革开放和中国特色社会主义的前途命运。说得小一点，是因为具体到一个地区、一个部门、一个单位，要想推动各项工作顺利开展，首要解决的就是干部的思想认识问题。曾拥有近2000万党员的苏联共产党为何一夜之间垮台、消亡？最主要的一点就是当时苏联国内的主流意识形态出了问题，在西方"和平演变"强烈攻势和"人道的、民主的社会主义"改革"新思维"的导向下，苏共已经提不出任何可以与西方价值观相抗衡的意识形态口号了，这个有着近2000万党员的政权就在一夜之间轰然坍塌了。

　　所以，经济工作搞不好要出大问题，意识形态工作搞不好也要出大问题。我们必须坚持两手抓、两手都要硬。党的十八大以来，以习近平同志为核心的党中央不断加大意识形态工作力度，建立健全意识形态工作责任制，把党委（党组）落实意识形态工作责任制情况纳入巡视和巡察工作，加强宣传舆论阵地管理，加强网络舆论监管，对错误思想敢于亮剑、敢于斗争，坚决遏制各种错误思想炒作和蔓延，意识形态主旋律更加响亮，正能量更加强劲，文化自信得到彰显，这些重大工作和重大成就，大大增强了党在意识形态领域的领导权、主动权和话语权，大大压缩了错误思潮和敌对势力造谣惑众、散布杂音

---

① 习近平：《论党的宣传思想工作》，中央文献出版社2020年版，第14页。

噪音的生存空间,有效扭转了意识形态领域一度出现的被动局面,意识形态领域总体保持了向上向好态势。同时也应看到,意识形态仍不平静,面对的形势依然错综复杂,面临的风险挑战依然严峻。主要体现在四个方面:一是马克思主义指导地位面临多样化社会思潮的影响与挑战。一方面,马克思主义作为我们立党立国根本指导思想的地位不断巩固,马克思主义中国化时代化最新成果深入人心;另一方面,各种社会思潮对马克思主义一元化指导地位的冲击和挑战日益凸显。例如,长期存在的新自由主义、历史虚无主义等,总体上看,其影响程度逐渐下降,但它们仍寻机发声,有时彼此呼应,形成噪音杂音,冲击主流意识形态的地位和影响。意识形态终结论、意识形态淡化论、去意识形态化、非意识形态化等论调,对马克思主义在意识形态领域的指导地位也构成挑战,马克思主义在有的领域被边缘化、空泛化、标签化的现象还不同程度地存在。二是社会主义核心价值观面临多元化价值观念的影响与挑战。随着社会变革深入推进,人们思想观念和价值取向的多样性、独立性、选择性、差异性不断增强,用社会主义核心价值观引领和整合多元价值观念的难度在加大。例如,市场经济的逐利性导致功利主义、拜金主义、极端个人主义蔓延,冲击和影响着集体主义精神、团结互助精神和奉献精神;西方消费主义、后现代主义、解构主义等思潮的影响,增强了社会思想价值观念的复杂性,有人甚至提出"消解主流意识形态"。这些问题造成一些人价值观混乱,对培育和弘扬社会主义核心价值观带来不利影响。三是中国日益走近世界舞台中央面临国际上一些势力的遏制与渗透。随着中国日益走近世界舞台中央,中国的国际影响力、感召力、塑造力和引领力不断提升,中国的发展道路、发展理念、发展经验得到国际社会广泛认同,中国智慧、中国方案、中国贡献得到世界各国高度赞誉。但一些西方国家认为中国崛起是对其社会制度和价值观的挑战、对现存国际秩序的挑战,进而大肆渲染"中国威胁论""中国称霸论""中国不遵守国际规则论",到处煽风点火、混淆视听。一些西方敌对势力对我国实施西化、分化的图谋一直没有改变,有时借机插手我国内部矛盾和问题,蓄意制造各种事端。四是意识形态管理工作方式面临新媒体的影响与挑战。互联网不仅是意识形态工作的最前沿和主阵地,而且已成为意识形态斗争的主战场。许多新情况新矛盾新问题往往因网而生、因网而增,一些错误思潮以网络新媒体为平台生成、发酵和传播。做好意识形态工作,必须过好互联网和新媒体这一关。还应清醒认识到,一些西方国家在意识形态话语权争夺中仍占据优势地位,网络新媒体已成为其对我国进行意识形态渗透的主要依托。这给我国意识形态管理工作带来新的问题和挑战,而传统的管理方式和做法远不能适应网络新媒体的迅速发展。①

做好新时代意识形态工作,必须巩固马克思主义在意识形态领域的指导地位、巩固全党全国人民团结奋斗的共同思想基础,必须用习近平新时代中国特色社会主义思想武装全党、教育人民,必须繁荣发展社会主义文化、建设社会主义文化强国,必须维护国家意识形态安全、掌握意识形态话语权,有力应对中国走近世界舞台中央面临的各种遏制和渗透,有力应对在价值观和社会制度上面临的竞争和挑战,切实维护国家政治安全和文化安全。

---

① 姜辉:《不断增强社会主义意识形态凝聚力引领力》,《人民日报》2018年2月22日。

四、关于"改进创新宣传思想工作任务之艰巨前所未有"的重大判断

创新是一个民族进步的灵魂,是一个国家兴旺发达的不竭动力,也是中华民族最深沉的民族禀赋。在激烈的国际竞争中,惟创新者进,惟创新者强,惟创新者胜。宣传思想文化工作作为党的工作一部分,也要在创新中发展,在发展中创新。2013 年 8 月,习近平总书记在全国宣传思想工作会议上指出,"明者因时而变,知者随事而制",宣传思想工作创新,重点要抓好理念创新、手段创新、基层工作创新,努力以思想认识新飞跃打开工作新局面,积极探索有利于破解工作难题的新举措新办法,把创新的重心放在基层一线。① 站在新的历史起点上,宣传思想文化工作要坚持问题导向,勇于直面问题,破解那些不适应形势发展变化、不符合人民群众期待、长期困扰事业发展进步的突出短板和薄弱环节。比如,在理论学习上,形式化、灌输式的学习教育仍然比较多,领导干部用党的创新理论成果武装头脑的内生动力不足,表态性回应和机械性参与现象明显。在基层理论宣讲上,工作方式方法还相对比较单一老套,对象化分众化不强,存在"一锅烩"的问题,不能结合群众所思所想所盼宣传,导致基层群众"听不懂""听不进",宣讲表面上轰轰烈烈、热热闹闹,但是实际效果仍然不尽如人意。比如,在舆论引导上形式不新,不能用群众喜闻乐见的方式,潜移默化地开展舆论引导,舆论引导的官方性太强,还存在硬宣传硬引导,接地气的话不多,贴近群众生活的手段也不多,没能很

---

① 习近平:《论党的宣传思想工作》,中央文献出版社 2020 年版,第 16 页。

好回应群众关切,"你在大声说,我在隔壁听"的现状还没有得到根本性扭转。比如,在互联网的管理使用上,互联网阵地建设管理水平与网络技术迭代更新速度和网络应用普及程度不相适应。截至2025年6月,我国网民规模达11.23亿人,互联网普及率达79.7%。有些地方的主流媒体在推动媒体融合发展上,只是传统媒体的互联网化,甚至只是简单的平台相加,依然习惯于按照传统媒体的流程和规则去做新媒体,打造相融共生、此长彼长的媒体融合任务依然艰巨。比如,在公共文化服务方面,一些地方的供给侧结构性改革还不到位,尚未与群众需求精准对接,一些城市重基础设施建设,轻管理使用,公共文化设施"硬件"过硬,但"软件"又过软,仍然沿袭着"我供你用""我演你看"的单向输出模式,互动性、联动性、针对性较差,资源共建、共享力度还不够。比如,在精神文明创建上,还存在人的文明程度与城市发展水平还不适应的问题,在精神文明建设上,提高人的文明素质和社会文明程度上的方法手段相对比较单一,效果不够好,缺乏相应的研究和创新。比如,在基层宣传思想文化工作方面,有些地方还存在"上热、中温、下冷"的现象,宣传思想文化工作越到基层越弱化的现象还不同程度存在,基层宣传思想文化工作队伍人才数量不足、专业化水平不高、年龄结构失衡等问题还相对突出,等等。这些都是摆在我们面前的具体而现实的障碍,只有在理念、手段、方式方法和基层工作上实现新的突破,才能真正推动新时代宣传思想文化工作强起来。

第三节　新时代宣传思想文化工作进入了守正创新的重要阶段

2018年8月，习近平总书记在全国宣传思想工作会议上发表重要讲话，回顾党的十八大以来宣传思想工作的历史性成就和历史性变革，明确提出"九个坚持"。"九个坚持"深刻阐明了宣传思想文化工作的地位作用、目标任务、职责使命、实践要求，回答了宣传思想文化工作方向性、全局性、战略性的重大问题。"九个坚持"标志着我们党对宣传思想文化工作的认识提升到新的高度，是做好宣传思想文化工作的根本遵循，必须长期坚持、不断发展。2023年10月，习近平总书记在全国宣传思想文化工作会议中又作出重要指示，提出了"七个着力"的重大要求，为我们准确理解和把握习近平文化思想提供了重要抓手，为进一步做好宣传思想文化工作指明了方向。宣传思想文化战线要以习近平新时代中国特色社会主义思想为指导，全面贯彻习近平文化思想，自觉肩负起新形势下宣传思想文化工作的使命任务，主动担负起新时代新的文化使命，奋力开创宣传思想文化工作新局面。

"守正"是"强起来"的前提和基础。没有"守正"就不可能有"创新",更不会"强起来"。"守正"就是要遵循发展规律,尊重和坚守光荣传统,恪守正道,弘扬正气。善于把握规律,既是中国共产党人的历史自觉,也是我们党领导推动工作的制胜法宝。今天,实现中华民族伟大复兴正处于关键时期,我们正处于发展关键期、改革攻坚期,面对挑战和困难,就需要坚持正确政治方向,统一思想,凝聚力量,在风云变幻的历史进程中保持战略定力。随着经济社会的快速发展,宣传思想文化工作的外部环境、社会条件、工作对象都发生了深刻变化,新情况、新问题不断涌现,做好工作比以往任何时候都更加需要创新。宣传思想文化战线增强"四力",就要坚持守正创新、锐意进取,保持思想的敏锐性和开放度,认识新事物、把握新规律,敢于打破思维定式和路径依赖,使主观认识更加符合客观实际、跟上新时代的节律,不断有所发现、有所创造、有所前进,推动宣传思想文化工作更好体现规律性、增强时代性、富于创造性。"当今世界正处于百年未有之大变局,当代中国用几十年的时间走过了西方国家几百年的发展历程。要立足时代前沿,不断深化对时代特征和发展大势的认识把握,自觉把我们的思想从不符合新时代要求的条条框框中解放出来,积极探索社会发展、信息传播、思想演变的内在规律,增强贴近时代的在场感、跟上变化的紧迫感,以敏锐的感知力、洞察力增强工作的适应力、引领力。要加强经验总结,主动向实践学习、向基层学习、向群众学习,善于从各领域各方面的创新做法和基层创造的新鲜经验中拓展新视野、形成新理念、探索新路径,不断提高总结经验、提炼认识、推动工作的能力。"①我国社会主要矛盾发生深刻变化，人民群众对更好精神文化生活的需求日益高涨，满足人民群众的向往和期待是我们工作的奋斗目标、动力源泉。要坚持以人民为中心，把增强人民群众的精神文化获得感幸福感作为出发点和落脚点，科学把握不同群体的思想实际、生活状况、接受习惯、文化需求，更加精准、更加有效地提供文化供给和服务。要着眼推动文化高质量发展，围绕创作生产、公共服务、经营管理等各个环节，苦练内功、精益求精、追求卓越，着力提高内容的原创力、传播的影响力，切实增强体制机制的活力、引领市场的能力，更好构筑人民精神家园、充盈群众文化生活。要聚焦群众所思所想所盼，紧密结合新的时代条件，积极探索新形势下有效开展思想政治工作的方式方法、载体手段，切实增强宣传群众、教育群众、凝聚群众的能力。"问题是时代的声音、创新的起点。宣传思想文化工作向来是在不断发现问题、解决问题中创新发展的。现在，我们还面临不少补短板、强弱项的任务，比如，理论学习宣传的针对性实效性亟待增强，媒体融合还没有实现从'相加'向'相融'的转变，社会主义核心价值观建设还需要进一步落细落小落实，优质文化产品供给能力不足，国际传播能力与我国综合国力还不够匹配，等等。这些问题，是工作实践提出的重要课题，也是实现创新创造的突破口。要强化问题意识、坚持问题导向，树立攻坚克难的勇气担当，把握问题的实质和成因，探寻解决问题的思路办法，提出新战略新举措，完善新制度新机制，在破解难题、补齐短板中实现新作为、取得新成效，不断增强工作的原则性、系统性、预见性、创造

---

① 黄坤明：《增强脚力眼力脑力笔力 守正创新做好新形势下宣传思想工作》，《求是》2019年第1期。

性。"①

面对新时代、新形势、新挑战、新问题,宣传思想文化战线要坚持正确政治方向,在基础性、战略性工作上下功夫,在关键处、要害处下功夫,在工作质量和水平上下功夫,以"强起来"为目标,推动宣传思想文化工作开创新局面、迈上新台阶、再上新水平。

一要自觉"举旗帜",用习近平新时代中国特色社会主义思想武装头脑。习近平新时代中国特色社会主义思想是21世纪马克思主义、当代中国马克思主义,是全党全国人民为实现中华民族伟大复兴而奋斗的行动指南,为党和国家各项事业发展提供了根本遵循。要引导全体领导干部系统地学习领会习近平新时代中国特色社会主义思想,深刻把握这一思想的科学体系、精神实质、实践要求。要始终在思想上政治上行动上同以习近平同志为核心的党中央保持高度一致,自觉维护党中央权威和集中统一领导,始终站稳政治立场,深刻领悟"两个确立"的决定性意义,不断增强"四个意识"、坚定"四个自信"、做到"两个维护"。要创新方式方法,区分层次、形式多样、生动活泼地开展学习宣传教育活动。注重充分运用互联网、手机等新媒体,利用网站、微博、微信、客户端等传播平台,开展立体化、互动式的宣传教育,营造浓厚的舆论氛围。要增强宣传教育的亲和力、吸引力和感染力,增强政治认同、理论认同、实践认同、情感认同,推动习近平新时代中国特色社会主义思想深入人心。

二要主动"聚民心",引导广大领导干部坚定自信、鼓舞斗志、同心同德、团结奋斗,凝聚起实现中华民族伟大复兴的最大合力。"随

---

① 黄坤明:《增强脚力眼力脑力笔力 守正创新做好新形势下宣传思想工作》,《求是》2019年第1期。

着我国经济社会深刻变革、利益格局深刻调整,各种深层次矛盾和问题不断显现,社会热点表现出很多新的特点。一方面,社会热点往往与民生有关,特别是教育、社保、医疗、住房等与群众利益密切相关的领域;另一方面,如果不能正确加以引导,一些孤立事件和民生问题很可能经过网络传播成为舆论事件。这说明,落实好聚民心的职责使命,不是唱高调、说大话,而是要针对群众切身利益问题,既要解决实际问题也要解决思想问题,才能更好强信心、聚民心、暖人心、筑同心。"①善于把党的政策变为群众的行动,善于汇聚党心民意的合力,正是宣传思想文化工作的职责所在、使命所系。新时代唱响团结人民、共同奋斗最强音,宣传思想文化战线重任在肩、责无旁贷。要不断创新意识形态工作方式方法,适应网络新媒体传播方式和发展变化趋势,加强内容建设,做强网上正面宣传,汇聚正能量,营造清朗网络空间。准确分析研判网络舆情,创新传播手段,拓宽传播渠道,提升传播力、引导力、影响力、公信力。运用大众化、通俗化形式,将主流意识形态中的政治话语、理论话语、学术话语转化为人民群众喜闻乐见的生活话语,切实增强意识形态工作的针对性和实效性。

三要着力"育新人",培养德智体美劳全面发展的社会主义建设者和接班人。培养怎样的时代新人,以及怎样培养时代新人,成为新形势下宣传思想文化工作的必答题。"有人认为宣传思想工作在做'虚功',出不了'实绩'。其实,恰恰是潜移默化、润物无声的言传身教,最能塑造一个人的精神品质、价值观念,进而影响一代人的行为习惯与人生选择。从单集短小精悍的《如果国宝会说话》激发观众对中华

---

① 人民日报评论部:《聚民心,振奋亿万人民精气神》,《人民日报》2018年8月30日。

文化的自豪感,到制作精良的《大国工匠》传递出执着、奉献、精益求精的时代品格;从高校思想政治课创新方式方法完成'网红课程'转型,到'感动中国''时代楷模'凝聚崇德向善、奋发有为的正能量,打开每个人心灵的窗口,沐之以春风、润之以细雨,往往就能于无声处成风化人、凝心聚力,为民族复兴注入持久而深沉的力量。"①一方面,需要抓住青少年价值观形成和确定的关键时期,引导青少年扣好人生第一粒扣子,踩实人生第一级台阶;另一方面,在线上线下相交融的网络时代,更需要创新宣传思想文化工作的形式和方法,把主流价值观融入"虚拟生活"。

四要大力"兴文化",满足广大群众美好生活新期待。"文以载道,文以传情,文以植德。文化是民族的血脉,是人民的精神家园。对个人而言,在追求物质生活的满足之外,更渴望精神的饱满、心灵的充实;对国家而言,不仅要在物质上强大起来,更要在精神上强大起来。"②中国有坚定的道路自信、理论自信、制度自信,其本质是建立在5000多年文明传承基础上的文化自信。中华优秀传统文化、革命文化和社会主义先进文化,都可以在人们心中找到具体的落点。人们对精神文化的需求,已经从缺不缺、够不够,升级为好不好、精不精。井喷的文化需求让人欣喜,也是宣传思想文化工作"兴文化"的机遇。文化需求端的升级,要求供给端进行改革,推出更多同新时代相匹配的文化精品,实现从"高原"向"高峰"迈进,为人们提供更丰富、更有营养的精神食粮。③

---

① 人民日报评论部:《育新人,培养担当大任的时代新人》,《人民日报》2018年9月6日。
② 人民日报评论部:《兴文化,满足美好生活新期待》,《人民日报》2018年9月7日。
③ 人民日报评论部:《兴文化,满足美好生活新期待》,《人民日报》2018年9月7日。

第一讲 把守正创新作为新形势下宣传思想文化工作的时代特征

五要积极"展形象",增强宣传思想文化工作的传播力和引导力。一个大国发展兴盛,必然要求文化影响力大幅提升,实现软实力和硬实力相得益彰。"提升中华文化影响力,既要宣介优秀传统文化,也要传播优秀当代文化,展示当代中国的发展进步、当代中国人的精彩生活。在中国960多万平方公里的土地上,14亿人民为着美好生活而奋斗,这正是讲好中国故事最深厚的土壤、最丰富的素材。作为中国共产党理论创新的最新成果,《习近平谈治国理政》系列丛书是当今世界最有影响力的领导人著作之一,为各国读者开启了一扇观察和感知中国的窗口。世界对中国充满兴趣,正在于中国智慧、中国方案为解决人类问题提供了"新的可能"[①]。要着力推进国际传播能力建设,在创新对外宣传方式、构建对外话语体系、传播中国特色社会主义文化中讲好中国故事,特别是讲好中国共产党的故事、中华人民共和国的故事、中国人民的故事、中国特色社会主义的故事。

总之,知常明变者赢,守正创新者进。新形势下的宣传思想文化工作,为时代画卷铺就人心底色,为民族复兴熔铸精神支撑,为大国发展营造良好国际舆论环境。宣传思想文化战线要努力在"守正"中"创新",坚持在"创新"中"守正",推动宣传思想文化工作不断强起来,以新的气象、新的作为,创造无愧于时代、无愧于使命、无愧于人民的崭新业绩。

---

① 人民日报评论部:《展形象,提升中华文化影响力》,《人民日报》2018年9月10日。

第二讲

把增强"脚力、眼力、脑力、笔力"作为宣传思想文化工作能力提升的基本路径

脚力、眼力、脑力、笔力，是一个表述生动、内涵丰富、相互联系、相互促进的有机整体，集中展现了新时代宣传思想文化工作队伍的综合素质、能力水平、精神风貌。增强脚力，要求深入基层调查研究，深入一线体察民情，站稳群众立场、走好群众路线，真正解决好"为了谁、依靠谁、我是谁"的问题；增强眼力，要求善于观察、善于判断，既能对大局大势了然于胸，又能对具体问题见微知著，做到透过现象看本质；增强脑力，要求勤学多思、深谋远虑，把系统掌握马克思主义基本原理作为看家本领，学深悟透习近平新时代中国特色社会主义思想，不断把握新规律、探索新经验；增强笔力，要求提升表达能力和传播效果，多出承载思想、呈现价值、传递力量的好文章，多出有筋骨、有品质、有温度的好作品。增强"四力"必须常抓不懈、久久为功，必须融入日常、抓在经常，贯穿宣传思想文化工作的方方面面。

第一节　增强脚力，大兴调查研究之风

一、增强脚力主要是解决走不到、走不进、走不久的问题

增强"四力"中，把增强"脚力"放在第一位，这不仅是对宣传思想文化工作者的要求，全体领导干部，尤其是领导干部都应该遵循。脚力，就是迈开双脚到基层去、到群众中去、到实践中去，其中蕴含着丰富的马克思主义的立场、观点、方法，是唯物史观在宣传思想文化工作中的集中体现。脚力是全部宣传思想文化工作的源头，眼力、脑力、笔力归根到底要从脚力中得来。练就好脚力，是一种工作方法，更是一种工作态度。毛泽东同志曾说，"没有满腔的热忱，没有眼睛向下的决心，没有求知的渴望，没有放下臭架子、甘当小学生的精神，是一定不能做，也一定做不好的"。[①] 要俯下身、扎下根，需要的是一种踏踏实实的态度。心浮气躁，心高气傲，只能让自己飘在上面、浮

---

① 《毛泽东选集》第三卷，人民出版社1991年版，第790页。

在表面。"脚力"要求我们刻苦学习，既要勤下基层，更要苦学原著，把理论和实践有机结合起来，进一步掌握马克思主义的基本原理、基本方法，进一步深刻了解世情、国情、民情。只有锤炼过硬的脚力，宣传思想文化工作才有坚实的实践基础。只有练就过人的脚力，宣传思想文化工作才能真正走到基层去、走进群众心中、在群众中走得长久。把实践和基层当作最好的课堂，把人民群众当作最好的老师，大兴调查研究之风，扑下身子、沉到一线，把情况问题摸清楚，把好招、实招提出来。

  增强脚力，就是要扎根基层，练好调查研究的基本功。"坐在办公室碰到的都是问题，深入基层看到的全是办法。"广大领导干部要大兴调查研究之风，提前统筹，周密安排，制订基层调研计划，定期研究、组织策划、有序扎根，建立健全常态化的调查研究工作机制，规范操作流程，完善评价机制，形成制度性安排。增强脚力，就是要走出去、走下去，加强调查研究。好的调研报告是"跑"出来的，是"挖"出来的，总是关在办公室里体验不到火热生活，光坐在电脑前敲打不出真实的报告。每个干部不能满足于在办公室、在电脑前获得二手甚至三手资料，道听途说、闭门造车，必须沉下身心、走进基层，接"地气"、补"底气"，深入实际、调查研究、体验生活，多"跑"深"挖"，在社会生活中把握时代脉搏、挖掘真实情况，切实把调查研究作为提升工作水平的重要基本功、破解难题的根本方法，真正做到"望闻问切，对症下药"。增强脚力，就是要提升实践力，解决走不到、走不进、走不久的问题。实践是认识的源头。宣传思想文化工作从实践中来，更需要我们通过增强脚力去感知实践、认知实践，从实践中汲取营养。"脚下有泥，脑中才能有料。"要一竿子插到底，从

第二讲　把增强"脚力、眼力、脑力、笔力"作为宣传思想文化工作能力提升的基本路径

实践出发，走进实践深处常态化调查研究，推动问题解决和实践发展。要始终站稳群众立场，践行好群众路线，把工作做到群众心坎里，切实为民惠民利民。增强脚力，就是要"多走、走实"。鼓励宣传思想文化战线的干部要迈开双脚走出去，睁大锐眼洞察实情，做到踏石留印。进一步推动广大领导干部接地气、知民心，特别是要将"走基层、转作风、改文风"推向深入。要把更多的笔触对准基层群众，推出一大批"沾泥土""带露珠""冒热气"，有思想、有温度、有品质的调研报告。

二、增强脚力的实质是增强实践思维、群众思维

增强脚力，是马克思主义实践观的生动体现。马克思在《关于费尔巴哈的提纲》中指出，全部社会生活在本质上是实践的。① 实践高于认识，因为它不但有普遍性的品格，而且还有直接现实性的品格。只有亲身参加于变革现实、变革某种或某些事物的实践的斗争中，才能直接地认识某种或某些事物，才能触到那种或那些事物的现象，也只有在亲身参加变革现实的实践的斗争中，才能暴露那种或那些事物的本质而理解它们。因此，增强脚力，要加强实践思维。你要知道梨子的滋味，就得亲口吃一吃。你要知道原子的组织同性质，就得实行物理学和化学的实验，变革原子的情况。你要知道革命的理论和方法，就得参加革命。一切真知都是从直接经验发源的。人在实践过程中，开始只是看到过程中各个事物的现象方面，看到各个事物的片面，

---

① 《马克思恩格斯文集》第一卷，人民出版社2009年版，第501页。

看到各个事物之间的外部联系。只有社会实践的继续，使人们在实践中引起感觉和印象的东西反复了多次，才能在人们的脑子里生成一个认识过程中的突变，才能抓住事物的本质、事物的全体、事物的内部联系，才能产生出合乎论理的结论。"秀才不出门，全知天下事"，在技术不发达的古代只是一句空话，在技术发达的现代虽然可以实现这句话，然而真正亲知的是天下实践着的人，那些人在他们的实践中取得了"知"，经过文字和技术的传达而到达于"秀才"之手，秀才才能间接地"知天下事"。如果要直接地认识某种或某些事物，便只有亲身参加于变革现实、变革某种或某些事物的实践的斗争中，才能触到那种或那些事物的现象，也只有在亲身参加变革现实的实践的斗争中，才能暴露那种或那些事物的本质而理解它们。离开实践的认识是不可能的。这就要求用实践思维去认识事物的本质。实践是人们改造客观世界的一切物质性活动，是第一性的；宣传思想文化工作是人们的精神活动，是对实践的反映，是第二性的。无论是理论研究、新闻报道，还是文学创作、艺术创造，其全部灵感和素材都蕴含在社会实践中。

增强脚力，要以群众思维为出发点，以人民为中心的工作导向。人民是社会运动的主体，也是宣传思想文化工作的主角。宣传思想文化工作本质上是群众工作，是总结提炼人民群众伟大创造的过程，从而实现人民群众的自我教育，是从群众中来、到群众中去的过程。习近平总书记强调，宣传思想文化工作者"要树立以人民为中心的工作导向，把服务群众同教育引导群众结合起来，把满足需求同提高素养结合起来，多宣传报道人民群众的伟大奋斗和火热生活，多宣传报道人民群众中涌现出来的先进典型和感人事迹"。宣传思想文化战线需有"角色"意识,能够换位思考,通过卓有成效的工作,丰富人民精神世界,增强人民精神力量,满足人民美好精神文化生活新期待。以电视剧创作生产为例,脚力问题就是深入基层转变作风的问题。要真正沉下身心,带着感情真切体会百姓的喜怒哀乐,拍摄的剧目要让观众爱看,引起社会积极的关注。2019年,习近平总书记看望参加政协会议的文艺界社科界委员,对文艺工作者说"要跳出'身边的小小的悲欢',走进实践深处,观照人民生活,表达人民心声",再次强调坚守人民立场。要积极创造条件,把"深入生活、扎根人民"活动推向深处,推动电视剧工作者创作出真正激荡人心的作品。近年来宣传思想文化战线的大走访、大调研活动,新闻舆论部门开展的"走转改""新春走基层"活动,宣传思想文化部门"三下乡"活动等,都是以群众思维增强脚力的重要形式。宣传思想文化工作者始终要坚持以人民为中心,扛起责任担当,多到实地调查研究,了解百姓生活状况、把握群众思想脉搏,着眼群众需要解疑释惑、阐明道理,把学问写进群众心坎里,以奋斗者的姿态扎根人民、服务人民,在实践中以大担当、大作为深刻回答"为谁创作、为谁立言"的问题。

三、增强脚力必须重视调查研究、善于调查研究

调查研究是一种领导方法和工作方法,是各级领导干部必须具备的基本功。重视调查研究、善于调查研究,是我们必须始终坚持和发扬的优良传统和作风,是中国革命、建设和改革取得胜利的重要法宝。早在井冈山时期,毛泽东同志就指出,"没有调查,就没有发言权"。邓小平同志也说过,"工作能不能落实,关键在于领导干部是不

是以身作则，深入实际调查研究，从实际出发，分析问题，解决问题"。习近平总书记也曾多次强调，"调查研究是谋事之基、成事之道"，"要在全党大兴调查研究之风"。毛泽东同志农村调查的经典之作《寻乌调查》中蕴含的调查研究思想与方法，对于新时代领导干部开展调查研究具有重要指导意义。只有通过调查研究，才能掌握大量的、丰富的第一手资料，弄懂、弄清许多过去不懂或懂得不多的问题，丰富知识，获得真知，思想上产生新飞跃。调查研究是我们党的传家宝，是做好各项工作的基本功。中国特色社会主义进入新时代，展现出美好前景。但要实现新时代党的奋斗目标，仍然需要付出艰苦努力。党员、干部更好履行职责、承担使命，必须大兴调查研究之风，在调查研究中发现问题、解决问题。调查研究的过程，也是提高认识能力、判断能力和决策能力的过程。各级领导干部要带头调研、经常调研，扑下身子，沉到一线，全面了解情况，深入研究问题，把准事物的本质和规律，找到破解难题的办法和途径。要实事求是，有一是一、有二是二，既报喜又报忧，特别是要力戒形式主义、官僚主义，坚决反对在调查研究汇总走马观花、浅尝辄止，草率地下结论、作判断。调查研究不能只走"常规线路"，只看"盆景式"典型，防止"蜻蜓点水""飞轮观花"式调研，要放下架子、扑下身子，拜人民为师、向人民学习，听群众的真声音、真想法，看基层的真情况、真问题，达到接地气、通民情。

  2021年9月1日，习近平总书记在2021年秋季学期中央党校（国家行政学院）中青年干部培训班开班式上发表重要讲话强调，坚持一切从实际出发，是我们想问题、作决策、办事情的出发点和落脚点。坚持从实际出发，前提是深入实际、了解实际，只有这样才能做到实事求是。要了解实际，就要掌握调查研究这个基本功。要眼睛向下、脚步向下，经常扑下身子、沉到一线，近的远的都要去，好的差的都要看，干部群众表扬和批评都要听，真正把情况摸实摸透。既要"身入"基层，更要"心到"基层，听真话、察真情，真研究问题、研究真问题，不能搞作秀式调研、盆景式调研、蜻蜓点水式调研。要在深入分析思考上下功夫，去粗取精、去伪存真，由此及彼、由表及里，找到事物的本质和规律，找到解决问题的办法。①

2023年4月3日，习近平总书记在学习贯彻习近平新时代中国特色社会主义思想主题教育工作会议上发表重要讲话强调，按照党中央关于在全党大兴调查研究的工作方案，组织广大党员、干部特别是各级领导干部扑下身子、沉到一线，深入农村、社区、企业、医院、学校、"两新"组织等基层单位，把脉问诊、解剖麻雀，进行问题梳理、难题排查，运用党的创新理论研究新情况、解决新问题。因此，广大领导干部要在安排调研活动时，坚持问题导向，把发现和解决问题作为调研活动的出发点和落脚点，坚决反对形式主义、官僚主义，杜绝弄虚作假，要全面了解情况，深入研究问题，做到实事求是、务求实效。

增强脚力，就是要提升调查研究的能力与水平。深入调查研究，是宣传思想工作的基础。做好调查研究工作既要重调查，又要重研究，二者缺一不可。光调查不研究，就会"只见树木，不见森林"；光研究不调查，则只能是"纸上谈兵""空中楼阁"。调查要广泛搜集

---

① 《习近平在中央党校（国家行政学院）中青年干部培训班开班式上发表重要讲话强调 信念坚定对党忠诚实事求是担当作为 努力成为可堪大用能担重任的栋梁之才》，《人民日报》2021年9月2日。

第一手材料，研究则要通过对材料进行分析、综合、比较、概括和判断，形成理性认识。要对问题涉及的各方面进行全面深入调查，开展去粗取精、去伪存真，由此及彼、由表及里的剖析，分清现象与本质、主流与支流、成绩与缺点、主要矛盾与次要矛盾，进而发现事物的内在联系和本质特征，提炼出规律性认识。习近平总书记多次对宣传思想文化工作者加强调查研究提出要求，强调要转作风改文风，俯下身、沉下心，察实情、说实话、动真情。要大力弘扬唯实求真精神，紧紧围绕开创宣传思想文化工作新局面，抓住事关全局和长远的重大问题，抓住制约事业发展的难点问题，抓住人民群众关心关注的突出问题，全面准确掌握真实情况，广泛听取意见建议，科学谋划思路举措，在深入细致的调查研究中锤炼作风、增强"四力"。要拜人民为师、向群众学习，深入农村、社区、工矿、校园、军营，深入革命老区、民族地区、边疆地区、贫困地区，在最基层了解国情党情、把握社会实际，在第一线强化宗旨意识、增进人民情怀，在与群众交流交心中把握群众需求、回应群众关切。要建立健全常态化的调查研究工作机制，大兴调查研究之风，特别是各级领导干部要发挥带头示范作用，推动全战线人人注重调研、人人参与调研。例如，当前互联网的普及大大增强了人们捕捉信息的能力。哪里游客多、哪里服务优、哪里最好玩，这些问题完全可以通过大数据直接反映出来。这为我们精准定位调研对象，解决"去哪里调研""调研什么""达到什么目的"等问题打下了坚实基础。信息化技术能辅助我们练好"脚力"，提高工作的有效性，增强调研的质量。因此，做好调查研究工作还要不断创新方式方法。在信息化时代，调查研究的对象、范围不断扩展，科学判断形势、提出管用举措的难度大大增加。既要坚持和完善走访、蹲点、抓典型等传统调查方法，又要深入开展网上调查、掌握网络社情民意，还要把微观调查和宏观调查、定性分析和定量分析结合起来，更有效、更准确地把握问题，为研判形势、作出决策提供坚实基础，从而完成好我们所承担的任务和使命。

第二节　增强眼力，不断强化问题导向

一、增强眼力主要是解决看不见、看不准、看不远的问题

眼力，就是宣传思想文化工作者的分析能力、辨别能力、判断能力，是做好宣传思想文化工作的基本功。增强眼力，就是要善于观察、善于发现、善于判断、善于辨别，既见人之所见，亦见人之未见。宣传思想文化工作者要善于从纷繁复杂的表象中洞察本质，从众说纷纭的争议中明辨是非，从快速变化的实际中把握规律，使宣传思想文化工作始终顺应时代要求、体现时代进程、推动时代发展。宣传思想文化工作者要善于运用马克思主义的立场、观点、方法来观察事物、分析问题，炼就去伪存真、去粗取精的"火眼金睛"，切实解决看不见、看不准、看不远的问题。

增强眼力，就是要求广大宣传思想文化工作者增强敏锐眼光、锻炼超凡眼神。增强眼力的关键是着力增强发现真善美的能力，发现主

第二讲 把增强"脚力、眼力、脑力、笔力"作为宣传思想文化工作能力提升的基本路径

旋律的能力,发现正能量的能力,发现担当时代大任新人的能力,更好强信心、聚民心、暖人心、筑同心。广大宣传思想文化工作者要善于认清形势、把握大势,统一思想、凝聚力量;要树立政治敏感力,善于观察、善于分析、善于辨别,敢抓敢管,敢于亮剑,敢于站在风口浪尖上进行斗争;要眼光敏锐、眼光独到,善于发现真善美,发现基层经验,发现身边典型,发现正能量。增强眼力要求在学习工作过程中,在纷繁复杂、瞬息万变的时代发展进程中,看清楚社会发展前进的大方向,进一步坚定政治立场、政治信念,增强政治敏锐性和政治辨别力,牢牢把握宣传思想文化工作正确的政治方向。

增强眼力,就是要提升辨识力。我们正处于百年未有之大变局过程中,宣传思想文化工作者要炼就"火眼金睛",把握变与不变,以超强眼力观察社会,认清形势趋势,把握主要矛盾及其主要方面。作为宣传思想文化工作者,必须站在党和国家事业发展的全局高度来看问题。一方面,要带领群众认清形势、把握大势,传播好党的主张,反映好人民心声,做好"统一思想、凝聚力量"的工作;另一方面,要敏锐发现倾向性、苗头性问题,增强工作的预见性和主动性。面临社会思想意识多元多样多变,面对社会思潮纷纭激荡、意识形态斗争日趋激烈,更需要我们增强政治敏锐力和洞察力,辨别是非真假利弊得失,牢牢把握正确政治方向、舆论导向、价值取向和工作导向。要掌握马克思主义看家本领,牢固树立辩证唯物主义和历史唯物主义世界观和方法论,不断淬炼观察力、发现力、辨别力,自觉防止"低级红"、警惕"高级黑"。

增强眼力,就是要多看、看准。广大宣传思想文化工作者要开阔视野,增强观察和判断事物的能力与水平,不断提高观察力、发现力、

判断力。要做胸有大局的人，努力增强眼力，增强舆情的引导应对能力。要借助互联网大数据，及时发现不良舆论倾向，有效辨别各种声音，加强对宣传思想文化领域重大问题的分析研判，牢牢把握正确的舆论方向。在舆情监控方面，需要依靠大数据手段，通过搜集舆情热点，认真做好舆情监测、分析和引导工作。新形势下宣传思想文化工作面临严峻挑战，更需要用新思想武装头脑、用新技术增强眼力，增强政治敏感力和研判力。

二、增强眼力的实质是增强政治思维、战略思维

思维方法是主观和客观的统一，有了科学的思维方法，才有可能形成科学的思想、制定正确的政策、选择合理的路径、实现预期的目标。任何工作都有其自身特点和规律。无论从事什么工作，最紧要的都是掌握科学的世界观和方法论，把思想方法搞对头，通过提升思维能力来更好地认识规律、把握规律、运用规律，增强工作的全面性、系统性和创造性。习近平总书记多次强调要提高战略思维、历史思维、辩证思维、系统思维、创新思维、法治思维、底线思维能力。宣传思想文化工作点多面广、千头万绪，学好、用好科学的思维方法尤为重要。宣传思想文化战线必须具备政治思维、战略思维能力，炼就看得清、看得透、看得远的"火眼金睛"。一方面要炼就政治慧眼，提高政治敏锐性和鉴别力。旗帜鲜明讲政治是做好宣传思想文化工作的根本要求，也是干部人才队伍能力素质的第一位要求。宣传思想文化战线的眼力，集中反映在能否从政治上分析问题、解决问题，做到眼睛亮、见事早、行动快。宣传思想文化战线必须牢牢把握"两个巩固"

第二讲 把增强"脚力、眼力、脑力、笔力"作为宣传思想文化工作能力提升的基本路径

的根本任务,深刻领悟"两个确立"的决定性意义,增强"四个意识",坚定"四个自信",做到"两个维护",在党言党、在党爱党、在党护党。另一方面要培养专业能力和本领,成为会使"十八般武器"的行家里手。宣传思想文化工作是一项政治性、政策性、专业性、艺术性都很强的工作,既要政治过硬,又要本领高强。特别是当前意识形态领域形势更加严峻、更加复杂,维护政治安全、意识形态安全、文化安全的责任更加重大,必须增强斗争意识,练好斗争本领。要坚持不懈用习近平新时代中国特色社会主义思想特别是习近平文化思想武装头脑,在学懂弄通做实上下功夫,在深化内化转化上聚焦用力,在学思践悟中转化为科学的思维方法和创新的工作本领。要通过增强眼力,养成政治思维、战略思维的思想自觉和行动自觉,在复杂现象矛盾面前能抽丝剥茧、把握大势,在困难挑战面前能多思善谋、因势而谋,在需求期待面前能应势而动、精准施策。

增强眼力的实质就是增强政治思维、战略思维。增强政治思维,时刻保持大局意识,把讲政治始终摆在首位,加强政治学习,增强政治敏锐性和政治鉴别力,善于用政治思维思考问题、研究问题、推动工作,进一步提高用党的创新理论指导解决实际问题的能力和水平。在全球化时代,我们党的生存与发展乃至执政安全面临诸多风险挑战,迫切要求提高领导干部的政治能力。在世界百年未有之大变局中,化解风险挑战,维护政治安全,更需要各级领导干部提高政治能力。政治能力的重要内涵之一,就是辨别政治是非、保持政治定力、驾驭政治局面、防范政治风险的能力。辨别政治是非要求领导干部有政治辨别能力,能有效辨别并抵制各种错误思潮;保持政治定力要求领导干部在思想上政治上行动上排除各种干扰、消除各种困惑,坚持正确

立场、保持正确方向；驾驭政治局面要求领导干部善于站在党和国家的政治大局上看问题、作决策，具备把控突发局面的政治能力；防范政治风险要求领导干部强化"守土有责、守土负责、守土尽责"意识，坚决反对一切削弱、歪曲、否定党的领导和我国社会主义制度的言行，坚决将各种政治隐患化解在萌芽状态，维护政治安全。领导干部只有不断提高政治思维能力，才能应对"四大考验"和"四种危险"，不忘初心、坚定意志；才能在各种诱惑、算计，各种讨好、捧杀中，坚守底线，养浩然之气；才能在大是大非和政治原则问题上，毫不含糊、毫不动摇，旗帜鲜明、坚持不懈地与各种错误思想言行作斗争。

战略思维可以看作在"全局与局部、当前与未来、对立与统一"三个维度构成的空间中展开的思维活动。战略思维，就是要求广大领导干部坚持围绕中心、服务大局，善于观察、善于辨别。中国共产党历来重视战略问题和战略思维。我们党之所以能够不断领导人民取得胜利，能够在各个历史时期，在战略上正确判断形势、谋划全局，其中一个重要原因就是我们党有着马克思主义战略思维和方法。战略思维强调着眼全局，善于把握事物发展的趋势、方向和未来。习近平总书记强调："宣传思想工作一定要把围绕中心、服务大局作为基本职责，胸怀大局、把握大势、着眼大事，找准工作切入点和着力点，做到因势而谋、应势而动、顺势而为。"[①] 宣传思想文化工作是党的事业的重要组成部分，宣传思想文化工作者必须牢固树立"全局一盘棋"的意识，自觉把自己的工作放到党和国家工作大局中来把握。我国正处于近代以来最好的发展时期，走向世界舞台中央的步伐坚定自信，

[①] 习近平：《论党的宣传思想工作》，中央文献出版社2020年版，第14页。

中华民族伟大复兴的进程不可阻挡。所有宣传思想文化工作都要立足大局、把握大势，着力营造团结奋进的主流舆论氛围，着力汇聚攻坚克难的强大意志力量，更好地推动新时代党和国家事业发展。广大领导干部要把用习近平新时代中国特色社会主义思想凝心铸魂作为首要政治任务，提高政治站位和政治素质，加强改进理论学习、教育培训工作，突出抓好党的政治建设，全面提升政治素质，加强形势政策教育，防范意识形态风险，牢牢掌握意识形态工作领导权，加强对宣传思想文化领域重大问题的分析研判，牢牢把握正确的舆论方向。

三、增强眼力必须要强化问题意识、坚持问题导向

马克思主义的鲜明特征之一就是坚持问题导向。事物矛盾运动的基本原理要求我们不断强化问题意识，坚持问题导向，瞄着问题去、奔着问题来，积极面对和化解前进中遇到的矛盾。增强眼力必须带着问题学，在解决问题的过程中深化对眼力的认识。增强眼力必须强化问题意识、坚持问题导向。宣传思想文化工作是在不断发现问题、解决问题中创新发展的。习近平总书记指出，"问题是事物矛盾的表现形式，我们强调增强问题意识、坚持问题导向，就是承认矛盾的普遍性、客观性，就是要善于把认识和化解矛盾作为打开工作局面的突破口"[1]。我国正处于经济社会转型的关键时期，各种社会思潮竞相发声。在这些思潮中，正确与错误并存、先进与落后交织，宣传思想文化工作者增强眼力，就要不断增强政治鉴别力和政治免疫力，旗帜鲜明坚

---

[1] 习近平：《辩证唯物主义是中国共产党人的世界观和方法论》，《求是》2019年第1期。

持真理，立场坚定批驳谬误。在思想交锋中，敢于亮剑，敢于同错误思潮作坚决斗争。要强化问题意识、坚持问题导向，树立攻坚克难的勇气担当，把握问题的实质和成因，探寻解决问题的思路办法，提出新战略新举措，完善新制度新机制，在破解难题、补齐短板中实现新作为、取得新成效，不断增强工作的原则性、系统性、预见性、创造性。比如，理论学习宣传的针对性实效性亟待增强，媒体融合还没有实现从"相加"向"相融"的转变，社会主义核心价值观建设还需要进一步落细落小落实，优质文化产品供给能力不足，国际传播能力与我国综合国力还不够匹配等。这些问题是工作实践提出的重要课题，也是实现创新创造的突破口。广大宣传思想文化工作者要强化问题意识，坚持问题导向，不断发现问题、解决问题，把问题作为前进的起跳点，把解决问题作为前进的动力源，立足中国特色社会主义伟大实践，勇于回答时代课题，着力解决我国发展过程中的一系列突出矛盾和问题。

增强眼力，强化问题意识、坚持问题导向，首要是认识规律、遵循规律、运用规律，主动正视矛盾，妥善处理各种矛盾，不断为减少和化解矛盾培植物质基础、增强精神力量、完善政策措施、强化制度保障，最大限度激发广大干部群众活力，最大限度增加积极因素，最大限度减少不和谐因素。要先谋势，站在战略的、政治的、全局的高度认识、把握当下形势，认真分析哪些是优势，哪些是短处，哪些力量可以利用，哪些矛盾应该及时化解，做到准确预测发展趋势，见微知著，未雨绸缪，把问题解决在萌芽状态，把工作做在前头。同时，也要有知难而进的勇气、艰苦奋斗的精神和扎实苦干的作风，从而能够在解决矛盾和困难的实践中不等不靠去赢得主动权；安于现状、不思进取，遇到困难躲开，遇到问题绕开，就不可能有工作的主动权。特别是要不断提高应对复杂局面的能力，尤其是在困难的情况下，能正确认识和处理各种矛盾，使政策措施和各项工作认真考虑和兼顾不同方面的利益和诉求，积极、稳妥、有效地解决深化改革中的深层次矛盾问题。

第三节　增强脑力，提高解决问题的能力与水平

一、增强脑力主要是解决想不到、想不够、想不深的问题

脑力，是宣传思想文化工作者思想水平、政治水平、理论水平的集中体现。增强脑力就是愿思考、勤思考、能思考、善思考，并作出准确分析、判断的能力，是自觉加强马克思主义理论学习，自觉担负起新形势下宣传思想文化工作的使命任务，自觉把党和国家的路线、方针、政策和本地区、本部门的实际相结合，自觉开展实践创新、理论创新的能力。新时代，广大领导干部更要深入思考、深刻认识新变化、新机遇、新挑战，多出好思想、金点子、妙主意，始终确保宣传思想文化工作的正确前进方向、发展道路。

增强脑力，就是要"多想、想深"。延安时期，毛泽东为《新中华报》题词，只有两个字：多想。做好新时代宣传思想文化工作，必须增强脑力，使自己在思想上强健起来。一要在学习中增强脑力。学习是立身之本，也是提升素质、增强脑力的必由之路。要深入学习习近平新时

代中国特色社会主义思想，加强理论政策和法规制度学习，博览群书、广泛涉猎，掌握新知识、熟悉新领域，不断完善知识结构，为思想注入活力。要牢固树立"四个意识"，深入学习贯彻党的理论和路线方针政策，既坚守立场又不故步自封，既顺应规律又敢于创新。二要在研究中增强脑力。"学而不思则罔，思而不学则殆。"如果瓦特对看到水开后壶盖被顶起的现象视而不见、牛顿对苹果从树上掉下砸到头上无动于衷，自然不可能发明蒸汽机、发现万有引力定律。广大领导干部遇事应多动脑，多想几个为什么，多思几个怎么办，让脑子装着问题，让思维活跃起来，不断拓展思想的广度和深度。三要在实践中增强脑力。"纸上得来终觉浅，绝知此事要躬行。"实践是思想的源泉和动力，是增强脑力的最佳途径。要躬身实践，自觉承担起举旗帜、聚民心、育新人、兴文化、展形象的使命任务，不断提高能力素质，深入思考，丰富知识素养。

　　增强脑力就是增强思考和分析问题的能力与水平。宣传思想文化工作本质上就是从事脑力工作，增强脑力是职能所必须。增强脑力就是要开动脑筋，勤于思考，善于思考，提高分析问题和解决问题的能力。现在我们在一些问题上失之肤浅、失于片面，就是因为没有练强脑力，没有多想，习惯于接受上级领导现成的命令，不多问几个为什么。长此以往，头脑就会生锈，就会丧失独立思考的能力，人云亦云，亦步亦趋。宣传思想文化战线干部，尤其是年轻干部要充分发挥思维活跃的优势，加强学习，强化创新意识，培养质疑精神，及时开动脑筋，在思考中总结经验，在思考中提升本领。不仅要反映问题表象，而且要透过表象看到本质，知其然更要知其所以然，深刻思考并把握问题本质，抓住要害，找出规律。宣传思想文化工作者除了不断勤学多思，武装自己的大脑以外，还要借助信息化手段，善学、善用现代"大脑"，增强决策的精准性。毫无疑问，大数据系统的投入使用，大大提高了工作决策的科学性和精准性。"脑力"是要求我们在学习中思考、在实践中思考，进一步提升马克思主义的理论素养，从政治自觉上升到理论自觉，进而坚定理论自信，用马克思主义特别是习近平新时代中国特色社会主义思想，来指导和解决我们在现实工作中遇到的困难和问题。

二、增强脑力的实质是增强辩证思维、历史思维

增强脑力，要培养全面辩证的思维。唯物辩证法是马克思主义关于自然、社会和思维发展一般规律的基本理论，是宣传思想文化工作者必须掌握的科学方法。宣传思想文化工作面对的客观世界是复杂的有机体，其复杂性就在于事物之间存在普遍联系，这些联系相互作用、相互影响，并处于不断地发展变化中。要想揭示事物发展的本质规律，展现社会生活的真实面貌，就需要对事物有全面、深入的认识、分析和把握。习近平总书记指出，要"更加自觉地坚持和运用辩证唯物主义世界观和方法论，更好在实际工作中把握现象和本质、形式和内容、原因和结果、偶然和必然、可能和现实、内因和外因、共性和个性的关系"。[①] 要坚持全面地而不是片面地、系统地而不是零散地、运动地而不是静止地、普遍联系地而不是单一孤立地观察事物，防止"一叶障目，不见泰山"。例如，马克思主义新闻观与西方新闻观的一个重

[①] 习近平：《论党的宣传思想工作》，中央文献出版社2020年版，第125页。

要区别,就在于马克思主义新闻观坚持整体真实原则,认为新闻报道不仅要确保个体真实,还要确保所反映事物的整体面貌也是真实的。我们这么大一个国家,社会主流是进步向上的,但也确实存在一些问题。如果只看到阴暗和负面,看不到光明和正面,虽然反映的个别事情可能是真实发生的,但从整体上看也是不真实的。要善于运用唯物辩证法观察社会运动和事物发展,从诸多矛盾中抓住主要矛盾,从矛盾的诸多方面中抓住主要方面,把握好主流与支流、整体真实与个体真实的关系,向受众全面呈现事物的本来面貌。

习近平总书记指出,要学习掌握认识和实践辩证关系的原理,坚持实践第一的观点,不断推进实践基础上的理论创新。[1]我们既要立足本国实际,又要开门搞研究。对人类创造的有益的理论观点和学术成果,我们应该吸收借鉴,但不能把一种理论观点和学术成果当成"唯一准则",不能企图用一种模式来改造整个世界,否则就容易滑入机械论的泥坑。一些理论观点和学术成果可以用来说明一些国家和民族的发展历程,在一定地域和历史文化中具有合理性,但如果硬要把它们套在各国各民族头上、用它们来对人类生活进行格式化,并以此为裁判,那就是荒谬的了。对国外的理论、概念、话语、方法,要有分析、有鉴别,适用的就拿来用,不适用的就不要生搬硬套。我们推进各项工作,要靠实践出真知。理论必须同实践相统一。必须高度重视理论的作用,增强理论自信和战略定力,对经过反复实践和比较得出的正确理论,要坚定不移坚持。要根据时代变化和实践发展,不断深化认识,不断总结经验,不断实现理论创新和实践创新良性互动,

---

[1] 习近平:《论党的宣传思想工作》,中央文献出版社2020年版,第130页。

在这种统一和互动中发展当代中国的马克思主义、21世纪的马克思主义。

重视辩证思维,是总结党的历史发展进程中的经验教训而得出的重要结论,是正确处理中国特色社会主义建设当中一系列重大矛盾关系的内在要求。增强脑力的实质是增强辩证思维。要运用辩证思维处理好统一思想、凝聚力量任务之艰巨前所未有的问题,增强国际话语权提升国家文化软实力任务之艰巨前所未有的问题,建设具有强大凝聚力和引领力的社会主义意识形态任务之艰巨前所未有的问题,改进创新宣传思想文化工作任务之艰巨前所未有的问题。

三、增强脑力必须要善思多谋、善想多干

"学而不思则罔。"增强脑力,就是要善思多谋,做到学思践悟。做好新时代宣传思想文化工作,必须在学习中增强脑力,让脑子动起来、学起来、活起来,使自己在思想上强健起来。增强脑力,首先要勤于学、以学益智、以学修身、以学增才,要敏于思,善于发现问题、提出问题、思考问题、研究问题、回答问题。做好新时代宣传思想文化工作,必须多想肯干,做到务实高效。作为一名宣传思想文化工作者,在实践中发现问题、积累经验,使自己在工作中游刃有余。只有善思多谋、善想多干,才能提升在理论学习、主题宣传、文明创建、舆论引导、文化建设等方面的实战能力,才能提升在宏观谋划、微观调研、思想表达、创新工作等方面的整体素质。只有善思多谋、善想多干、深入思考发现的问题,多到基层调研、多到一线锻炼,才能提升在理论建设、意识形态、新闻舆论、文化建设、精神文明等方面的

实战能力,才能提升在宏观谋划、微观调研、思想表达、创新工作等方面的整体素质。

宣传思想文化战线要着力提高履行使命任务、推动事业发展的能力本领,多思善谋,增强脑力。坚持问题导向,广泛开展"查短板、补不足"讨论,开展业务工作大研讨,研究传播好中国故事的新技巧,顺应新兴媒体传播规律,改造话语体系,丰富传播内容,推动媒体融合发展。要把学习当作紧迫的任务、永恒的追求,在加强政治学习的基础上,结合工作实际加强积累、深钻细研,切实打牢专业功底,广泛涉猎政治经济、历史文化、法律社会、科学技术等各方面知识,不断认识新事物、熟悉新领域、开拓新视野。要把学习和思考紧密结合起来,增强战略思维、历史思维、辩证思维、系统思维、创新思维、法治思维、底线思维,既有敏于发现的眼睛,又有深刻洞察的头脑,练就透过现象看本质、廓清迷雾辨是非的本领。要把实践作为增长才干的根本途径,发扬实干、苦干精神,坚持在干中学、在学中干,做到学以致用、用以促学、学用相长,不断提高运用科学理论和丰富知识解决实际问题的能力。空谈误国、实干兴邦,一分部署、九分落实,善思多谋、善想多干。德国诗人海涅说:"思想走在行动之前,就像闪电走在雷鸣之前一样。"就电视剧创作生产来说,脑力问题就是如何顺势而为调整发展规划,谋求可持续繁荣发展的问题。要根据自己的特长和能力,找准电视剧产业链条上自己的主营业务,在此基础上再考虑统筹兼顾其他环节。当前仍应把创作优秀作品作为中心环节,加大选题组织策划力度,播出一批、创作一批、储备一批,长流水、不断线。实施品牌战略,不断提升品牌效应。加强合作交流,积极开拓国际市场,讲好中国故事,弘扬中国精神。

第四节 增强笔力,解决善于表达、勇于创新的问题

一、增强笔力主要是解决写不新、写不精、写不活的问题

笔力,从字面上看是下笔成文、妙笔生花的能力,实质上体现的是宣传思想文化工作者的政治素质、理想情怀、知识水平、文化修养和专业功底。笔力,就是宣传思想文化工作者履职本领的集中体现。脚力、眼力、脑力,最终都反映在笔力上。要练就非凡笔力,培养适应新时代要求的综合履职能力,更好地成为宣传思想文化工作的行家里手。

笔力是宣传思想文化工作的基本功,是宣传思想文化战线必须掌握的本领。增强笔力,是要能写会说,提升文字功底。提升文字能力,不是一时之功,必须持之以恒,久久为功。增强笔力,就是要求我们把所学、所思、所践、所悟,落实到宣传思想文化具体工

第二讲 把增强"脚力、眼力、脑力、笔力"作为宣传思想文化工作能力提升的基本路径

作中，落实到理论、舆论、文艺、文明等各个领域。增强笔力，就是要提升表达力。宣传思想文化工作一刻也离不开表达传播。笔杆子是我们党的传统和优势，是宣传思想文化战线的看家把式。要在把握正确政治方向前提下，能够将深奥枯燥的理论原理转化为群众喜闻乐学的生活道理，将阳春白雪"普通话"变为下里巴人"龙门阵"，将古板守陈的"八股文"变成时新潮流的"爆款语"。不仅在形式上要让远离群众的"高冷文字"成为大众热烈追捧的鲜活语言，而且在内容上也要杜绝空话、套话、假话，真实反映社情民意、回应群众关切，增强传播力、引导力、影响力、公信力。宣传思想文化战线必须在理论上、笔头上、口才上以及其他方面有"几把刷子"。要适应时代新变化和人民群众新期待，练精笔力，贯通不同话语系统，写活写新写实文章，坚持短小精悍、生动鲜活，既接天线又接地气，把深理论写得深入浅出、把大道理写得通俗易懂，推动宣传思想文化工作往深里走、往实里走、往心里走。

宣传思想文化战线必须勤于学习、勇于实践，熟悉党和国家的方针政策和法律法规、熟悉国内外现状和发展趋势、熟悉先进地区的经验做法、熟悉本地实际情况。要多看经典原著，常读名篇佳作，广泛涉猎政治经济、社会法律、历史人文、文学艺术等方面知识，厚实自己的功底。要多写多练多磨，不断磨炼文字功夫，砥砺表达能力，提升写作技巧。要积蓄思想、积累素材。"写"是宣传思想文化战线的看家本领。增强笔力不是一时之功，必须持之以恒，平时要勤于学习，做善于积累写作素材的"有心人"；要勤于深入调研，做善于分析问题的"明白人"；要甘于寂寞，做肯下苦功、下硬功的"老实人"。每个干部都要克服畏难情绪，经常练笔，在写作中倒逼自己去思考工作，

研究问题，只有平时多读、多写、多练，才能厚积薄发，做到心中有好思想、胸中有大格局、笔下有好文采。

增强笔力，就是增强宣传表达的驾驭能力与水平。宣传思想文化战线要紧跟新时代的步伐，注重积累好思想、好理念、好素材，创新传播方式和话语方式，推动习近平新时代中国特色社会主义思想进入群众头脑、进入工作实践。要提炼思想总结规律。好笔力不是简单的情景再现，更重要的是用深刻的思想启迪群众。要坚持真、平、情、活的原则，善于用手中的笔，宣传新理论，阐述新理念，总结新经验，揭示新规律。只有通过增强笔力，说老百姓听得懂的话，才能把作品写新、写精、写活，写出"沾泥土""带露珠""冒热气"的文章。真正和群众打成一片，更加接"地气"、聚"人气"，创作出人民群众喜欢看、喜欢听并且深受教育、鼓舞的好作品。

二、增强笔力的实质是增强受众思维、创新思维

创新思维是指以新颖独创的方法解决问题的思维过程，这种思维能突破常规思维的界限，以超常规甚至反常规的方法、视角去思考问题，提出与众不同的解决方案，从而产生新颖的、独到的、有社会意义的思维成果。通俗地说就是因时制宜、知难而进、开拓创新的科学思维。纵观世界发展史，人类的一切文明成果，都是创新思维的胜利果实，都是创新智慧的结晶。大到一个国家、一个民族、一个政党，小到一个团队甚至一个人，大创新大成就，小创新小成就，不创新没成就。要进一步提高对创新和创新思维的认识，增强创新的紧迫感。习近平总书记指出，创新是一个民族进步的灵魂，是一个国家兴旺发

第二讲 把增强"脚力、眼力、脑力、笔力"作为宣传思想文化工作能力提升的基本路径

达的不竭动力,也是中华民族最深沉的民族禀赋。"惟创新者进,惟创新者强,惟创新者胜。"① 正所谓,抓住了创新,就抓住了牵动经济社会发展全局的"牛鼻子"。创新是引领发展的第一动力。"抓创新就是抓发展,谋创新就是谋未来。"创新思维是人类特有的高级思维活动和精神过程,是与时俱进、知难而进、突破上进的科学思维。必须大力弘扬以改革创新为核心的时代精神,保持锐意创新的勇气、敢为人先的锐气、蓬勃向上的朝气,以思想的新解放、改革的新突破、创新的新成果,推动各项工作取得新进展。在宣传思想文化工作中,必须把创新摆在全局工作的核心位置。增强笔力,就是要增强创新思维,在优秀作品的表现方式和手段上进行创新,努力推出思想精深、艺术精湛、制作精良的作品。"苟日新,日日新,又日新。"在创新问题上,应当把握创新的形式、途径和方法。"明者因时而变,知者随事而制。"面对新情况新问题,不是凭经验翻老黄历,不是循旧历找教科书,而是努力想新办法、找新出路、创造新经验、开创新局面,并且掌握创新的内在规律和诀窍,从而不断提升创新思维能力。

当今中国,无论是全面深化改革、适应经济新常态,还是贯彻新发展理念、推动高质量发展,都需要用创新思维去应对、解决前进路上的新情况、新问题。党的十九大报告对广大领导干部的创新能力提出明确要求,即要增强改革创新本领,保持锐意进取的精神风貌,善于结合实际创造性推动工作。党的二十大报告强调,领导干部要不断提高战略思维、历史思维、辩证思维、系统思维、创新思维、法治思维、底线思维能力,为前瞻性思考、全局性谋划、整体性推进党和国

---

① 习近平:《在欧美同学会成立100周年庆祝大会上的讲话》,《人民日报》2013年10月22日。

家各项事业提供科学思想方法。习近平总书记反复倡导提高领导干部的创新思维能力，建设一支政治过硬、专业过硬、能吃苦、富有开拓创新精神的干部队伍。这就要求宣传思想文化战线要有创新思维，具备敢为人先的锐气，以思想认识的新飞跃打开工作的新局面。"生活从不眷顾因循守旧、满足现状者，从不等待不思进取、坐享其成者，而是将更多机遇留给善于和勇于创新的人们。"① 让创新思维成为一种习惯和本能。要练就妙笔"生花"的本事，增强创新思维，精准把握宣传主题、受众对象，精准选择报道角度、受访对象，精准提炼关键词、标题语。善于选择切入视角，创新话语表达方式。能熟练运用新媒体矩阵，掌握讲好中国故事的技法，提升知名度、美誉度、开放度和影响力。对电视剧创作生产来说，就是如何艺术表达生活，表达世界观、人生观、价值观的问题。要学会艺术地"说理"，把社会主义核心价值观融入人物形象当中，在春风化雨、润物无声中引导人们积极践行。要善于运用各种题材，现实的、历史的，城市的、农村的，科幻的、青少的，等等；要善于学习借鉴和创新、创造新技术，以恰当的形式表达恰当的内容，让形式和内容有机统一、相得益彰，实现思想性、艺术性、欣赏性的统一。

三、增强笔力必须要善于表达、勇于创新

增强笔力，就是要善于表达，少一些结论和概念，多一些事实和分析；少一些空泛说教，多一些真情实感；少一些抽象道理，多一些

---

① 习近平：《同各界优秀青年代表座谈时的讲话》，《人民日报》2013年5月5日。

鲜活事例，从而吸引人、打动人、感染人。宣传思想文化工作者必须提高文字水平，善于表达、勇于表达、熟练表达，用事例说服人，言之有理、言之有物，避免空话、套话。要熟练运用新技术创新传播方式、表达方式，推进理念、内容等全方位创新，牢牢占领信息传播的制高点。增强笔力，要用好群众语言，提升表达能力，增强传播效果。所谓群众语言就是要用好鲜活生动的公众语言。这个公众语言是指细节化的表达方式、情节化的传播习惯和碎片化的传播需求。这就要求我们的大众传播相应地做到短、实、新，越是重大的主题越需要小切口，越是重要的选题越要有精彩的故事表达，要对应群众需求做到传播内容和产品鲜活生动、深耕细作、吸睛走心、好看好玩，从而使主流媒体增强传播力、引导力、影响力、公众力。用好群众语言要运用好网络化的新兴语态。这个新兴语态是指变化中的语言，主要是存在于青年受众语言习惯中的热词、萌词等。语言不是一成不变的，随着时代的变化和人们个性化表达方式的需求增加，新词、热词层出不穷，这些变化中的词语甚至成为年轻受众对传播产品接受与否的标识。用好新兴语态是大众传播的必备技巧，也是能力创新的重要一环。用好群众语言还要运用好多维度的传播语言。图片、动漫、音画、音视频、直播等，是现代传播格局中受众之间信息沟通的"语言"。这种依赖于智能移动端的新语言体系，是人类文化进程中的重要演进。大众传播在媒体融合中要"长袖善舞"，将这些"语言"用好、用活，"形成网上网下同心圆，使全体人民在理想信念、价值理念、道德观念上紧紧团结在一起，让正能量更强劲、主旋律更高昂"①。

---

① 习近平：《加快推动媒体融合发展 构建全媒体传播格局》，《求是》2019年第6期。

守正创新 新时代宣传思想文化工作能力提升八讲

增强笔力，要坚持守正创新。经过多年来的努力，宣传思想文化战线正本清源的任务取得重大成效，现在进入了守正创新的重要阶段。在这个新起点上，既保持战略定力，坚持好经验；又勇于开拓创新，找到新办法，我们才能乘势而上，推动宣传思想文化工作不断强起来。守正创新，守正是基础，创新是关键。守正，就是坚持党对宣传思想文化工作的全面领导，坚持马克思主义信仰，坚持共产主义远大理想，坚持中国特色社会主义共同信念，坚持党的基本路线，坚持把学习、宣传、贯彻习近平新时代中国特色社会主义思想作为首要政治任务。创新，就是把握社会和时代的脉搏，根据不断发展的客观实际，把马克思主义基本原理与时代特征、当代实际、中国国情相结合，丰富和发展马克思主义，实现马克思主义的中国化、时代化、大众化，把马克思主义推向新境界，用发展着的马克思主义指导实践，用马克思主义的最新成果武装头脑，用当代中国的马克思主义、21世纪的马克思主义指引方向。我们必须坚持守正与创新的辩证统一，夯实基础、抓住关键，既尊重古人，继承前人，又走出新路子，与时俱进，做到在守正中努力创新，在创新中坚持守正，推动宣传思想文化工作不断开创新局面。守正创新的核心要义是：要在守正，贵在创新，重在实践。要在守正，即坚定不移学习贯彻习近平新时代中国特色社会主义思想特别是习近平文化思想，守方向、守立场、守根脉、守底线，高举旗帜，坚定自信，凝聚力量。贵在创新，即紧跟时代步伐、大胆解放思想、勇于破解难题，在坚守正道中发展事业，在改革创新中巩固事业，更好地适应新时代、符合新要求、展现新形象、实现新作为。重在实践，即发扬实干精神，勇于探索、敢闯敢试，艰苦奋斗、干事创业，对认准的事马上就办、真抓实干，突出"实"、力戒"虚"，在实践中开拓，用实践来检验。

固本培元、守正创新必须写得好、说得好、演得好，增强笔力是关键，要写得出好文章、讲得出好故事，说得到点子上、心坎里，从而吸引人、打动人、感染人。宣传思想文化战线已进入守正创新的重要阶段，这是我们在新形势下推进宣传思想文化工作的认识基点和实践前提。现在，文化形态、媒介生态、传播样态都发生了深刻变化，宣传思想文化战线每天都面对大量新事物、新情况、新问题。在这场大发展大变革大调整中占据主动、赢得主导，就要切实践行守正创新。宣传思想文化战线在学习宣传贯彻习近平新时代中国特色社会主义思想方面承担着双重任务，既要着力抓好面向全党全社会的宣传教育，又要认真组织自身的学习贯彻，因此要学在前列、学得更深，不断深化对新时代的认识，把握新时代的规律，增强新时代的自觉，引领新时代的潮流。提升宣传思想文化工作能力，关键要把握好守正与创新的关系，推动宣传思想文化战线在坚守正道中更好地适应新时代、展现新气象、实现新作为。当前，守正创新的重大任务是适应全程媒体、全息媒体、全员媒体、全效媒体发展趋势，广泛占领互联网舆论阵地。要坚持内容创新为本，挖掘优质内容，创新话语体系，树立清新文风，推出更多有思想、有温度、有品质的优秀作品；要加强传播手段创新，掌握"十八般武艺"，把握新媒体移动化、可视化、智能化、社交化传播特点，生产更多适合网络传播的产品；要推动技术建设与内容建设深度融合，运用人工智能、大数据、云计算、物联网等成果，把主流价值观融入先进技术应用，让网上的正能量更强劲、主旋律更高昂。要深入学习宣传贯彻习近平新时代中国特色社会主义思想，全面贯彻习近平文化思想，牢记我们党的初心和使命，牢记宣传思想文化工作的使命任务,以坚定的理想信念和高远的站位视野,推动宣传思想文化工作紧跟时代节拍,紧扣时代脉搏,更好引领时代风气之先。

第三讲

把提高政治素质作为宣传思想文化工作能力提升的根本要求

宣传思想文化工作是政治工作，宣传思想文化部门是政治机关，必须大事小情都要讲政治，把讲政治作为第一位要求，把忠诚可靠作为第一位标准，坚持党的文化领导权，把党管宣传、党管意识形态、党管媒体、党管互联网的原则落到实处，落实政治家办报、办刊、办台、办新闻网站要求，牢牢掌握宣传思想文化工作的领导权、管理权，让党的旗帜在宣传思想文化战线高高飘扬。

第三讲 把提高政治素质作为宣传思想文化工作能力提升的根本要求

第一节　宣传思想文化工作是政治工作，讲政治是第一位的要求

　　旗帜鲜明讲政治是我们党的优良传统和政治优势，也是宣传思想文化工作的内在要求和本质体现。从革命战争时期强调"革命的政治工作是革命军队的生命线"，到社会主义建设时期提出"没有正确的政治观点，就等于没有灵魂"，再到改革开放时期提出"到什么时候都得讲政治"，都足以说明"讲政治"是我们党取得革命、建设和改革道路上一个又一个胜利的坚强保障。宣传思想文化工作本质上是政治工作，讲政治是第一位的要求。宣传思想文化战线要提升能力水平，必须加强政治历练和政治修养，坚持党的政治领导，坚定崇高政治理想，全面提升政治觉悟和政治能力，始终在政治立场、政治方向、政治原则、政治道路上同以习近平同志为核心的党中央保持高度一致。当前，讲政治就是要深刻领悟"两个确立"的决定性意义，增强"四个意识"、坚定"四个自信"、做到"两个维护"，就是筑牢信念之基、补足精神之钙、把稳思想之舵，就是始终坚持中国共产党领导和中国

特色社会主义制度，凡是有利于坚持党的领导和我国社会主义制度的事就坚定不移做，凡是不利于坚持党的领导和我国社会主义制度的事就坚决不做。

一、把党的政治建设摆在首位

习近平总书记明确要求"把党的政治建设摆在首位"，强调要"以党的政治建设为统领"。宣传思想文化工作必须把这一要求贯彻始终，自觉绷紧讲政治的弦，深刻领悟"两个确立"的决定性意义，切实增强"四个意识"、坚定"四个自信"、做到"两个维护"，不断提高政治判断力、政治领悟力、政治执行力，善于从政治上谋划、部署、推动工作。

首先，旗帜鲜明讲政治是我们党作为马克思主义政党的根本要求。讲政治的目的在于统一全党意志，凝聚全党力量，为实现党的纲领和目标而共同奋斗。我们党自成立以来，之所以能够始终保持团结和集中统一，始终保持进取精神和强大力量，经历各种曲折和失败而愈挫愈奋，同我们党始终注重讲政治是密不可分的。党的十八大以来，在推进全面从严治党的实践中，习近平总书记反复强调必须突出抓好党的政治建设。2014年10月，习近平总书记在党的十八届四中全会第二次全体会议上就尖锐地指出了无视党的政治纪律和政治规矩的"七个有之"，指出"干部在政治上出问题，对党的危害不亚于腐败问题，有的甚至比腐败问题更严重"。①2017年2月13日，习近平总书

---

① 中共中央纪律检查委员会、中共中央文献研究室编：《习近平关于严明党的纪律和规矩论述摘编》，中央文献出版社、中国方正出版社2016年版，第23页。

记在省部级主要领导干部学习贯彻党的十八届六中全会精神专题研讨班开班式上的讲话中指出:"历史经验表明,我们党作为马克思主义政党,必须旗帜鲜明讲政治,严肃认真开展党内政治生活。讲政治,是我们党补钙壮骨、强身健体的根本保证,是我们党培养自我革命勇气、增强自我净化能力、提高排毒杀菌政治免疫力的根本途径。什么时候全党讲政治、党内政治生活正常健康,我们党就风清气正、团结统一,充满生机活力,党的事业就蓬勃发展;反之,就弊病丛生、人心涣散、丧失斗志,各种错误思想得不到及时纠正,给党的事业造成严重损失。"①这些重要思想和要求,一针见血、入木三分。讲政治是我们党管党治党、避免犯颠覆性错误的根本保证,任何时候都不能含糊和动摇。

其次,突出强调政治建设是党的十八大以来全面从严治党的一条成功经验。党的十八大以来,随着全面从严治党不断推进,党内存在的突出矛盾和问题暴露得越来越充分。针对这些情况,以习近平同志为核心的党中央突出强调党的政治建设,不断强化管党治党责任,严肃党内政治生活,严明政治纪律和政治规矩,推动各级党组织和广大党员政治意识明显增强、政治觉悟明显提高,推动党内政治生活气象更新、党内政治生态明显好转,为党和国家各项事业发展提供了良好政治氛围和有力政治保证。加强党的政治建设,对于解决党内存在的突出问题、把我们党建设得更加坚强有力,具有十分重要的政治意义、理论意义、实践意义。

最后,政治建设是党的根本性建设。把党的政治建设抓好了,政

---

① 习近平:《总结党的历史经验 加强党的政治建设》,《求是》2021年第16期。

治立场、政治方向、政治原则、政治道路把握住了，党的政治能力提高了，党的建设就铸了魂、扎了根。党的政治建设抓好了，对党的思想建设、组织建设、作风建设、纪律建设就可以起到纲举目张的作用。全党要坚定执行党的政治路线，严格遵守政治纪律和政治规矩，在政治立场、政治方向、政治原则、政治道路上同党中央保持高度一致。要尊崇党章，严格执行新形势下党内政治生活若干准则，增强党内政治生活的政治性、时代性、原则性、战斗性，自觉抵制商品交换原则对党内生活的侵蚀，营造风清气正的良好政治生态。弘扬忠诚老实、公道正派、实事求是、清正廉洁等价值观，坚决防止和反对个人主义、分散主义、自由主义、本位主义、好人主义，坚决防止和反对宗派主义、圈子文化、码头文化，坚决反对搞两面派、做两面人。

二、党的政治建设的首要任务

加强党的政治建设不是一个小问题，而是关系到党的性质的大问题，关系到党生死存亡的大问题。习近平总书记指出："党的政治建设是党的根本性建设，决定党的建设方向和效果。"[①] 保证全党服从中央，坚持党中央权威和集中统一领导，是党的政治建设的首要任务，也是党的政治建设的目的。

（1）维护党中央权威至关重要。2016 年 12 月 26 日，习近平总书记在十八届中央政治局民主生活会上讲话指出："党的历史、新中国发展的历史都告诉我们：要治理好我们这个大党、治理好我们这个

---

① 习近平：《决胜全面建成小康社会夺取新时代中国特色社会主义伟大胜利——在中国共产党第十九次全国代表大会上的报告》，《人民日报》2017 年 10 月 28 日。

大国，保证党的团结和集中统一至关重要，维护党中央权威至关重要。"①党确立习近平总书记党中央的核心、全党的核心地位，是关系党和人民根本利益的大事，是关系党中央权威、关系全党团结和集中统一的大事，是关系党和国家事业长远发展的大事。当前，我们必须把坚决维护习近平总书记党中央的核心、全党的核心地位作为最大的政治，作为最大的大局，作为首要的纪律，切实在思想上高度信赖、理论上深刻认同、政治上坚决维护、行动上始终紧跟。

（2）同党中央保持高度一致是最大政治纪律和最高政治规矩。中国共产党之所以能够历经磨难而走向最终胜利，就是因为党讲政治守纪律；中国共产党之所以能够不断创造辉煌，取得举世瞩目的伟大成就，就是因为全体党员始终同党中央保持高度一致。习近平总书记指出："全党要坚定执行党的政治路线，严格遵守政治纪律和政治规矩，在政治立场、政治方向、政治原则、政治道路上同党中央保持高度一致。要尊崇党章，严格执行新形势下党内政治生活若干准则，增强党内政治生活的政治性、时代性、原则性、战斗性，自觉抵制商品交换原则对党内生活的侵蚀，营造风清气正的良好政治生态。"②

（3）坚持党对一切工作的领导。党政军民学，东西南北中，党是领导一切的。必须坚持党的领导，坚持和完善民主集中制，坚持党领导各项工作的体制机制，确保党对一切工作的领导，确保党总揽全局、协调各方。党站在全局高度上把握发展方向、制定发展战略、统筹各方力量、协调各方利益、理顺重大关系，就能确保全面建设社会主义

---

① 习近平：《总结党的历史经验 加强党的政治建设》，《求是》2021年第16期。

② 习近平：《决胜全面建成小康社会夺取新时代中国特色社会主义伟大胜利——在中国共产党第十九次全国代表大会上的报告》，《人民日报》2017年10月28日。

现代化国家的主要目标、重点任务、重大举措落到实处，保持经济社会持续健康发展。习近平总书记指出："党必须按照总揽全局、协调各方的原则，在同级各种组织中发挥领导核心作用。总揽全局、协调各方，这是新形势下实现党的正确领导的重要原则，是提高党的执政能力的基本要求，是形成工作合力的体制保证。"① 伟大的事业必须有坚强的党来领导。只要我们党把自身建设好、建设强，确保党始终同人民想在一起、干在一起，就一定能够引领承载着中国人民伟大梦想的航船破浪前进，胜利驶向光辉的彼岸！

三、紧紧抓住增强"四个意识"这个根本

习近平总书记强调指出，只有增强政治意识、大局意识、核心意识、看齐意识，自觉在思想上政治上行动上与党中央保持高度一致，才能使我们党更加团结统一、坚强有力，始终成为中国特色社会主义事业的坚强领导核心。"四个意识"，是夺取新时代中国特色社会主义伟大胜利、为实现中华民族伟大复兴不懈奋斗的思想基础，是一个相互联系、相互支撑的有机整体。全体领导干部只有不断增强"四个意识"，才能做到政治清醒、立场坚定、行动坚决，永远听党话跟党走。

（1）增强政治意识，就要把准政治方向、坚定政治信仰、站稳政治立场、严守政治纪律、提高政治素养，做政治上的明白人。我们党作为马克思主义政党，讲政治是突出的特点和优势。讲政治，是我们党补钙壮骨、强身健体的根本保证，是我们党培养自我革命勇气、增

---

① 习近平：《干在实处 走在前列——推进浙江新发展的思考与实践》，中共中央党校出版社2006年版，第401页。

第三讲 把提高政治素质作为宣传思想文化工作能力提升的根本要求

强自我净化能力、提高政治免疫力的根本途径，也是我们党凝心聚魂、激浊扬清、注入强大正能量的根本法宝。

把准政治方向。方向决定道路，道路决定命运。方向问题是一个根本问题。毛泽东同志曾经说过："一个政党要引导革命到胜利，必须依靠自己政治路线的正确和组织上的巩固。"[①] 习近平总书记指出："政治方向是党生存发展第一位的问题，事关党的前途命运和事业兴衰成败。"[②] 中国特色社会主义是中国共产党和中国人民团结的旗帜、奋进的旗帜、胜利的旗帜。我们要全面建设社会主义现代化国家、加快推进社会主义现代化、实现中华民族伟大复兴，必须始终高举中国特色社会主义伟大旗帜，坚定不移坚持和发展中国特色社会主义。长期的革命建设实践中，我们党之所以能够成为中流砥柱，最重要的就是坚持了坚定正确的政治方向。共产党员坚定政治方向，就是要坚定共产主义远大理想和中国特色社会主义共同理想，不论在什么地方、在哪个岗位上工作，都要自觉以党的旗帜为旗帜、以党的方向为方向、以党的意志为意志，经常对表对标，及时校准偏差。

站稳政治立场。人民立场是中国共产党的根本政治立场，是马克思主义政党区别于其他政党的显著标志。党与人民风雨同舟、生死与共，始终保持血肉联系，是党战胜一切困难的根本保证。站稳人民立场，是共产党人的价值追求，是坚定中国特色社会主义道路自信、理论自信、制度自信、文化自信的根本所在。站稳人民立场，才能更加有信心、有力量，干成事、成大业。站稳人民立场，就要不断强化宗旨意识，自觉牢固树立全心全意为人民服务的宗旨意识，心中时刻装

[①] 《毛泽东选集》第一卷，人民出版社1991年版，第303页。

[②] 习近平：《增强推进党的政治建设的自觉性和坚定性》，《求是》2019年第14期。

有人民，想群众之所想，急群众之所急，忧群众之所忧，做到发展为了人民、发展依靠人民、发展成果由人民共享，不断增强广大人民群众的获得感、幸福感，做人民群众的知心人、贴心人。

严守政治纪律。政治上的坚定源于思想上的清醒。只有思想上坚信了，才能保证政治上的坚定。纪律是刚性的约束，是铁的定律，关乎作风，影响形象。领导干部应把守纪律当作一种习惯，内化于心、外化于行，不能时紧时松。守纪律才能有定力知方寸。严格遵守政治纪律，时刻审视自己的言谈举止，做到在大是大非问题上立场坚定，对背离党性言行要有鲜明态度，在任何时候、任何情况下既不越"界"也不越"轨"又不越"线"。自觉把遵守政治纪律作为人生戒律，记在心里写在心里，既不怕"攻坚战"也不惧"持久战"，坚持从问题根源入手，从治本上加码，从自身严起，从点滴做起，始终保持坚定的意志。

（2）增强大局意识，就要正确认识大局、自觉服从大局、坚决维护大局，自觉在大局下行动。习近平总书记多次论及和强调大局意识："国家好、民族好，大家才会好""胸怀大局、把握大势、着眼大事""必须牢固树立高度自觉的大局意识，自觉从大局看问题，把工作放到大局中去思考、定位、摆布""要学会运用辩证法，善于'弹钢琴'，处理好局部和全局、当前和长远、重点和非重点的关系"。这些重要论述，立足党和国家事业发展全局，着眼新形势新任务，从认识论、方法论角度深刻回答了什么是大局意识，怎么认识、服从和维护大局等重大理论问题与实践问题，为全党进一步增强大局意识、做好各项工作指明了正确方向，提供了方法指南。

要正确认识大局。大局决定着事物存在发展的整个局面、整体

第三讲　把提高政治素质作为宣传思想文化工作能力提升的根本要求

形势。全局不活,局部受损,最终只能导致满盘皆输。中国共产党从创立之初就强调大局意识。党的二大通过的第一个党章明确规定:"区域地方执行委员会及各组均须执行及宣传中央执行委员会所定政策,不得自定政策","中央执行委员会未发表意见时,区域地方执行委员会,均不得单独发表意见"。1938 年,毛泽东同志在《中国共产党在民族战争中的地位》中指出:"共产党员必须懂得以局部需要服从全局需要这一个道理。如果某项意见在局部的情形看来是可行的,而在全局的情形看来是不可行的,就应以局部服从全局。反之也是一样,在局部的情形看来是不可行的,而在全局的情形看来是可行的,也应以局部服从全局。这就是照顾全局的观点。"① 党的十八大以来,以习近平同志为核心的党中央站在实现"两个一百年"奋斗目标、实现中华民族伟大复兴的战略高度,总揽全局、谋篇布局,统筹改革发展稳定、内政外交国防、治党治国治军,党和国家事业呈现蓬勃发展的良好态势。领导干部必须树立正确的大局观,善于从战略高度分析和认清国家建设和发展的总趋势,从而自觉在大局下行动。

要自觉服从大局。大局意识体现的是高瞻远瞩的政治见识和开阔包容的胸襟情怀,能够把握现在、透视未来,跳出一时一事、一地一己的局限,正确处理局部与全局、个人与整体、当前与长远的利益关系。1988 年,邓小平同志提出了"两个大局"的思想,即沿海地区要对外开放,使这个拥有两亿人口的广大地带较快地先发展起来,从而带动内地更好地发展,这是一个事关大局的问题。内地要顾全这个大局。反过来,发展到一定的时候,又要求沿海拿出更多力量来帮助

---

① 《毛泽东选集》第二卷,人民出版社 1991 年版,第 525 页。

内地发展，这也是个大局。大局相对于局部，是必须优先考虑的目标和方向。在中国这么大的国家搞建设，如果各自为战、各行其是，不仅形不成合力，还会出现相互掣肘的局面。无论是革除体制机制弊端，还是打破利益固化藩篱；无论是推动协调发展，还是化解过剩产能、破除地方保护，都需要从大局出发，算大账、算长远账，跳出"一亩三分地"的狭隘。"虽有智慧，不如乘势。"要有"身在兵位，胸为帅谋"的意识，从大局出发看待利益关系调整和局部得失进退，不以局部之利而罔顾全局，放下斤斤计较、患得患失的小九九，不打"上有政策、下有对策"的小算盘，坚决服从中央部署、服从大局需要，共同做好全党全国一盘棋的大文章。

要坚决维护大局。大局里有政治，大局里有品格，大局里有担当。"大道之行也，天下为公。"习近平总书记在十八届中央纪委三次全会上强调："全党同志要强化党的意识，牢记自己的第一身份是共产党员，第一职责是为党工作，做到忠诚于组织，任何时候都与党同心同德。"①要心系"国之大者"，不断增强大局意识，以党和国家事业全局为念、大局为重。坚决反对地方主义、本位主义、山头主义，绝不能过多地考虑本地区、本部门的局部利益，绝不能搞"令出不行，令禁不止"，在贯彻执行党中央决策部署上打折扣、做选择、搞变通。要正确处理保证中央政令畅通和立足实际创造性开展工作的关系，任何具有地方特点的工作部署都必须以贯彻中央精神为前提，决不能打所谓的"擦边球"，自行其是。

（3）增强核心意识，就要坚决拥护核心、坚决听从核心、坚决

---

① 《习近平在十八届中央纪委三次全会上发表重要讲话强调 强化反腐败体制机制创新和制度保障 深入推进党风廉政建设和反腐败斗争》，《人民日报》2014年1月15日。

第三讲 把提高政治素质作为宣传思想文化工作能力提升的根本要求

维护核心，自觉同党中央保持高度一致。就中国特色社会主义事业而言，中国共产党是我们各项事业的领导核心；就中国共产党而言，党中央是党的领导决策核心；就党中央领导集体而言，习近平总书记是党中央的核心、全党的核心。增强核心意识，就要坚持中国共产党的领导，坚决服从党中央的决策部署，坚决维护习近平总书记的核心地位，始终在思想上政治上行动上同以习近平同志为核心的党中央保持高度一致。

要坚决拥护中国共产党的领导核心地位。1954年9月15日，毛泽东同志在第一届全国人民代表大会上庄严地宣布："领导我们事业的核心力量是中国共产党。"[1]1957年5月25日，毛泽东同志在接见出席中国新民主主义青年团第三次全国代表大会的全体代表时讲话指出："共产党是全中国人民的核心。没有这样一个核心，社会主义事业就不能胜利。"[2]2014年1月14日，习近平总书记在中共十八届中央纪委三次全会上讲话指出："领导我们事业的核心力量是中国共产党。什么叫核心力量？一些同志没有搞得很清楚，或者说知道这个道理，但一到实际工作中就搞不清楚了。党的领导，体现在党的科学理论和正确路线方针政策上，体现在党的执政能力和执政水平上，同时也体现在党的严密组织体系和强大组织能力上。"[3]《中国共产党章程》明确规定，中国共产党的领导是中国特色社会主义最本质的特征，是中国特色社会主义制度的最大优势，中国共产党是最高政治领导力

---

[1] 《毛泽东文集》第六卷，人民出版社1999年版，第350页。

[2] 《毛泽东文集》第七卷，人民出版社1999年版，第303页。

[3] 中共中央纪律检查委员会、中共中央文献研究室编：《习近平关于严明党的纪律和规矩论述摘编》，中央文献出版社、中国方正出版社2016年版，第38页。

量。党政军民学，东西南北中，党是领导一切的。中国共产党的领导是我们战胜各种风险挑战、实现第二个百年奋斗目标、实现中华民族伟大复兴的根本保证。领导干部必须要有清醒的认识，始终明确中国共产党领导是中国特色社会主义制度的最大优势，不断加强和改善党的领导，更好发挥党总揽全局、协调各方的领导核心作用，确保党始终成为中国特色社会主义事业的坚强领导核心。

要坚决服从党中央的决定和部署。党的集中统一领导是党的力量所在，是实现经济社会发展、民族团结进步、国家长治久安的根本保证。党面临的形势越复杂，肩负的任务越艰巨，就越要维护党的集中统一。维护党中央权威，决不是一般问题和个人的事，而是方向性、原则性问题，是党性，是大局，关系党、民族、国家前途命运。坚持党的集中统一领导，同党中央保持高度一致是具体的，要落实在行动上。一旦党中央作出决定和部署，就必须一心一意、完全彻底、无条件、不加任何个人私心杂念地执行。

要坚决维护习近平总书记的核心地位。这是党性、是大局，是最重要的政治。一个好的中央政治局、一个好的中央政治局常委会，需要有一个好的带头人，也就是要有一个好的核心。邓小平同志说："任何一个领导集体都要有一个核心，没有核心的领导是靠不住的。""要有意识地维护一个核心。"[①] 党的十八大以来，我国经济社会持续发展，国际地位显著提升，开创了中国特色社会主义事业新局面，这一切都是因为有以习近平同志为核心的党中央的坚强领导。领导干部要坚决维护习近平总书记党中央的核心、全党的核心地位，坚决维护党中央

---

① 《邓小平文选》第三卷，人民出版社1993年版，第310页。

权威和集中统一领导，使党的领导更加坚强有力，确保党和人民事业无往而不胜。

（4）增强看齐意识，就要坚持经常看齐、主动看齐、全面看齐、及时看齐，始终保持正确的前进方向。看齐是重大的政治原则，是党的力量所在、优势所在。中国共产党是高度集中统一的马克思主义政党，思想上的统一、行动上的一致是事业发展的根本。增强看齐意识，就是要经常主动全面地向党中央看齐、向习近平总书记看齐，向党的理论和路线方针政策看齐，向党中央各项决策部署看齐。

要向党中央和习近平总书记看齐。1945年，毛泽东同志在党的七大预备会议上指出："要知道，一个队伍经常是不大整齐的，所以就要常常喊看齐，向左看齐，向右看齐，向中间看齐，我们要向中央基准看齐，向大会基准看齐。"① 我们党之所以从小到大、从弱到强、不断从胜利走向胜利，一条十分重要的经验就是全党上下有着很强的看齐意识。增强看齐意识，对领导干部来说，不是个人的小事，而是事关政治方向的大事；不是一般的品行要求，而是党性要求。就当前来看，最根本的就是要深入学习贯彻习近平新时代中国特色社会主义思想，在政治定力上经常主动地向党中央看齐，坚定信仰信念，把人民对美好生活的向往作为坚持不懈的奋斗目标，始终做到夙夜在公、勤勉奉献，为党和人民的事业殚精竭虑、不懈奋斗，在思想上政治上行动上同以习近平同志为核心的党中央保持高度一致。

要始终保持良好作风。今天，我们比历史上任何时期都更接近、更有信心和能力实现中华民族伟大复兴的目标。"行百里者半九十。"

---

① 《毛泽东文集》第三卷，人民出版社1999年版，第297—298页。

中华民族伟大复兴，绝不是轻轻松松、敲锣打鼓就能实现的。伟大理想变成现实，必须要有优良的作风作保证。革命战争时期，我们党靠优良的作风，赢得了人民拥护支持，取得了一个又一个胜利。社会主义建设时期，我们党靠优良的作风，赢得了人民拥护支持，夺取了抗美援朝、社会主义改造等一系列光辉成就。改革开放40多年来，我们党靠优良的作风，赢得了人民拥护支持，取得了经济快速发展的辉煌成就，实现了从"站起来""富起来"到"强起来"的伟大历史转变。今天，在实现中华民族伟大复兴的新征程上，我们也必须保持优良作风，团结带领全国各族人民，去战胜任何艰难险阻，赢得更加辉煌的成就。习近平总书记指出："古今中外，因为统治集团作风败坏导致人亡政息的例子多得很！我们一定要引为借鉴，以最严格的标准、最严厉的举措治理作风问题。"①党的作风关系党的形象，关系人心向背，关系党的生死存亡，必须有天下为公的宽阔胸襟，摒弃任何私心杂念，把为中国人民谋幸福作为自己唯一的追求，为党的事业和人民利益鞠躬尽瘁。要坚持真理，坚持原则，真抓实干，勇于担当，言必信，行必果，真正做到对历史和人民负责。要有"功成不必在我"的精神，"功成必定有我"的担当。一张好的蓝图，只要是科学的、切合实际的、符合人民愿望的，就要一茬一茬接着干。

要强化担当精神。敢于担当是中国共产党人的政治本色。习近平总书记强调，党的干部都是人民公仆，自当在其位谋其政。做人一世，为官一任，要有责任担当精神。是否具有担当精神，是否能够忠诚履责、尽心尽责、勇于担责，是检验每一个领导干部身上是否真正体现

---

① 习近平：《在党的群众路线教育实践活动总结大会上的讲话》，《人民日报》2014年10月9日。

了共产党人先进性和纯洁性的重要方面。① 社会主义是干出来的,新时代也是干出来的。中国特色社会主义进入新时代,无论是推动经济社会高质量发展,还是不断满足人民日益增长的美好生活需要;无论是全面建设社会主义现代化国家,还是全面推进中华民族伟大复兴,都对广大领导干部的知识结构及素质能力提出了更高更新的要求。党的十八大以来,干部队伍的整体素质和专业化水平不断提高,但与新时代党和国家事业发展的要求相比,仍然存在一些诸如结构不合理、专业化水平不高、本领不适应等问题。特别是面对行业分工日趋精细、利益诉求多元多样的新形势新状况,一些干部精神懈怠、能力不足,难以肩负起新时代的新使命。对此,党的十九大报告明确提出,"我们党既要政治过硬,也要本领高强"。党的二十大报告也强调,要加强干部斗争精神和斗争本领养成,着力增强防风险、迎挑战、抗打压能力,带头担当作为。这就要求广大干部,既要有想干事、真干事的担当和自觉,又要有会干事、干成事的本领和能力。

四、坚定政治信仰,永葆共产党人政治本色

共产主义远大理想和中国特色社会主义共同理想,是中国共产党人的精神支柱和政治灵魂,也是保持党的团结统一的思想基础。要把坚定理想信念作为党的思想建设的首要任务,教育引导全党牢记党的宗旨,挺起共产党人的精神脊梁,解决好世界观、人生观、价值观这个"总开关"问题,自觉做共产主义远大理想和中国特色社会主义共

---

① 习近平:《在党的群众路线教育实践活动总结大会上的讲话》,《人民日报》2014年10月9日。

同理想的坚定信仰者和忠实实践者。

坚定崇高的信仰信念，是我们党最根本的政治优势，也是全面从严治党的逻辑起点。没有信仰就没有方向，没有行动就没有未来。没有政治信仰的坚定，就不会有政治立场的坚定、政治思想的坚强、政治责任的担当、政治执行力的坚决与政治免疫力的增强。

政治信仰是中国共产党人强大的精神支柱。我们党从诞生之日起就把马克思主义写在自己的旗帜上，把实现共产主义确立为最高理想。中国共产党之所以能够从胜利走向胜利，靠的就是信仰，为的就是理想。在1985年3月的全国科技工作会议上，邓小平同志曾说："为什么我们过去能在非常困难的情况下奋斗出来，战胜千难万险使革命胜利呢？就是因为我们有理想，有马克思主义信念，有共产主义信念。"[①] 革命战争年代，无数仁人志士和革命先辈，抛头颅洒热血，大义凛然、视死如归，就是因为他们对社会主义、共产主义的远大理想和奋斗目标坚贞不渝、矢志不移。李大钊"人道的警钟响了！自由的曙光现了！试看将来的环球，必是赤旗的世界"，方志敏"敌人只能砍下我们的头颅，决不能动摇我们的信仰"，夏明翰"砍头不要紧，只要主义真。杀了夏明翰，还有后来人"，杨超"满天风雪满天愁，革命何须怕断头"。和平建设和改革开放时期，许许多多共产党员在平凡的岗位上做出英雄壮举，也是因为胸怀共产主义远大理想和中国特色社会主义共同理想。他们不为别的，只为心中的主义和信仰。我们党的奋斗历史充分证明，马克思主义的崇高信仰，是我们党能够取得一个又一个胜利的根本原因，是共产党人前赴后继、奋斗不息的力

[①] 《邓小平文选》第三卷，人民出版社1993年版，第110页。

量源泉和永葆生机的精神动力。

中国共产党是有着强大精神力量的伟大政党。毛泽东同志《论联合政府》指出：我们"具有一往无前的精神，要压倒一切敌人，而决不被敌人所屈服。不论在任何艰难困苦的场合，只要还有一个人，这个人就要继续战斗下去"①。中国共产党波澜壮阔、生机勃勃的奋斗历程，培育形成了建党精神、井冈山精神、长征精神、抗震救灾精神、脱贫攻坚精神、抗疫精神等彰显政党性质、反映民族精神、体现时代要求、凝聚各方力量的中国共产党人的精神谱系。我们党是一个敢于坚持真理的党，更是一个善于发展真理的党。我们党从小变大、由弱变强的历史进程，就是不断从迷茫困惑走向坚定成熟，从自在自发转为自信自觉，从追寻真理、坚持真理到不断发展真理的过程。理想信念之所以重要，就在于它是共产党人的灵魂和特质，是共产党人的精气神，是共产党人世界观、人生观、价值观和权力观、政绩观、事业观的集中反映，决定每个共产党员的政治方向、政治立场和政治态度。只有坚定崇高信仰、砥砺意志品格、培育高尚追求，才能面对艰难险阻不屈服、面对严酷环境不畏惧；只有坚定崇高信仰，炼就金刚不坏之身，才能确保在重大政治考验面前和关键时刻靠得住、信得过、能放心，做中华民族伟大复兴的坚定信仰者、践行者。

始终坚信马克思主义。马克思主义是关于自然、社会和思维发展的科学，揭示了人类社会发展的本质规律和方向趋势，为人类社会提供了最科学、最完整、最严谨的世界观和方法论。中国共产党之所以能够完成近代以来各种政治力量不可能完成的艰巨任务，就在于始终

---

① 《毛泽东选集》第三卷，人民出版社1991年版，第1039页。

把马克思主义这一科学理论作为自己的行动指南,并坚持在实践中不断丰富和发展马克思主义。

始终坚信中国特色社会主义。这是根植于中国大地、反映中国人民意愿、适应中国和时代发展进步要求的科学社会主义,是马克思主义中国化时代化的创新成果。历史和现实都告诉我们,只有社会主义才能救中国,只有中国特色社会主义才能发展中国,这是历史的结论、人民的选择。党的干部必须坚定共产主义远大理想,真诚信仰马克思主义,矢志不渝为中国特色社会主义而奋斗。我们一定要深入学习贯彻习近平新时代中国特色社会主义思想,真正领会贯穿其中的马克思主义立场观点方法,始终坚定对马克思主义的信仰,坚定中国特色社会主义的信念。

始终坚定中国特色社会主义道路自信、理论自信、制度自信、文化自信。道路问题是关系党的事业兴衰成败第一位的问题。道路走得怎么样,最终要靠事实说话,要由人民来裁判。我们党和人民在长期实践探索中,坚持独立自主走自己的路,成功开辟中国特色社会主义道路,从根本上改变了中国人民和中华民族的前途命运。这样的发展,这样的巨变,在人类发展史上都是罕见的。事实雄辩地证明:中国特色社会主义这条路,走得通、走得对、走得好,是科学社会主义在中国大地上的具体实现,是实现社会主义现代化的必由之路,是创造人民美好生活的必由之路,是一条在马克思主义真理照耀下的成功之路、胜利之路、复兴之路,得到了亿万人民的衷心拥护。正如习近平总书记所说,当今世界,要说哪个政党、哪个国家、哪个民族能够自信的话,那中国共产党、中华人民共和国、中华民族是最有理由自信的。① 面对新时代新形势新任务,保持坚定的理想信念,最集中、最具体、最直接的体现,就是始终坚定中国特色社会主义道路自信、理论自信、制度自信、文化自信,做到"咬定青山不放松,任尔东西南北风"。

---

① 习近平:《在庆祝中国共产党成立95周年大会上的讲话》,《求是》2021年第8期。

第二节　用习近平新时代中国特色社会主义思想把宣传思想文化战线武装起来

理论上的清醒是政治坚定的前提。理论武装越彻底，理想信念就越坚定，坚持党的政治路线就越自觉，贯彻党的政治主张就越有力。习近平新时代中国特色社会主义思想是马克思主义中国化时代化的最新成果，是党和人民实践经验和集体智慧的结晶，是中国特色社会主义理论体系的重要组成部分，是全党全国人民为实现中华民族伟大复兴而奋斗的行动指南，必须长期坚持并不断发展。当前，我们比历史上任何时期都更加接近实现中华民族伟大复兴的目标。同时也要看到，前进道路并不平坦，还需要时刻准备应对重大挑战、抵御重大风险、克服重大阻力、解决重大矛盾。科学理论是坚持正确方向、战胜艰难险阻的强大思想武器。只有坚持用习近平新时代中国特色社会主义思想武装头脑、指导工作，才能更加坚定实现宏伟蓝图的信心，不断增强克服困难的勇气，努力把理论学习成果转化为推动经济社会发展的科学决策和有效举措，不忘初心、继续前进，创造无愧于时代、无愧于人民、无愧于历史的新业绩。

一、在深刻理解和准确领会上下功夫

2017年10月18日，中国共产党第十九次全国代表大会首次提出了习近平新时代中国特色社会主义思想。2017年10月24日，中国共产党第十九次全国代表大会通过了关于《中国共产党章程（修正案）》的决议，习近平新时代中国特色社会主义思想写入党章。2018年3月11日，习近平新时代中国特色社会主义思想载入宪法。2021年11月11日中国共产党第十九届中央委员会第六次全体会议通过的《中共中央关于党的百年奋斗重大成就和历史经验的决议》进一步指出，习近平新时代中国特色社会主义思想是当代中国马克思主义、21世纪马克思主义，是中华文化和中国精神的时代精华，实现了马克思主义中国化新的飞跃。党确立习近平同志党中央的核心、全党的核心地位，确立习近平新时代中国特色社会主义思想的指导地位，反映了全党全军全国各族人民共同心愿，对新时代党和国家事业发展、对推进中华民族伟大复兴历史进程具有决定性意义。[①]

2022年10月16日召开的中国共产党第二十次全国代表大会提出，只有把马克思主义基本原理同中国具体实际相结合、同中华优秀传统文化相结合，坚持运用辩证唯物主义和历史唯物主义，才能正确回答时代和实践提出的重大问题，才能始终保持马克思主义的蓬勃生机和旺盛活力。习近平总书记在大会上强调，继续推进实践基础上的

---

① 《中共中央关于党的百年奋斗重大成就和历史经验的决议》，《人民日报》2021年11月17日。

理论创新，首先要把握好新时代中国特色社会主义思想的世界观和方法论，坚持好、运用好贯穿其中的立场观点方法。①

学懂弄通做实习近平新时代中国特色社会主义思想，需要深刻理解准确领会习近平新时代中国特色社会主义思想产生的时代背景和思想内核。社会主要矛盾的变化，构成进入新时代的基本依据和基本动力，也是习近平新时代中国特色社会主义思想建构的逻辑起点。以此为基础，党坚持以马克思列宁主义、毛泽东思想、邓小平理论、"三个代表"重要思想、科学发展观为指导，坚持解放思想、实事求是、与时俱进、求真务实，坚持辩证唯物主义和历史唯物主义，紧密结合新的时代条件和实践要求，以全新的视野深化对共产党执政规律、社会主义建设规律、人类社会发展规律的认识，进行艰辛理论探索，取得重大理论创新成果，创立了习近平新时代中国特色社会主义思想。"十个明确""十四个坚持""十三方面成就"是习近平新时代中国特色社会主义思想的具体展开和内涵逻辑，从世界观和方法论的高度，系统全面地回答了中国特色社会主义进入新时代后中国共产党的"新目标""新使命"，面临的"新矛盾"等一系列带有根本性的问题，与治党治国治军的各方面工作紧密相连，既有理论高度，又具实践价值，将指导我们更好坚持和发展中国特色社会主义。

二、在真学深学实学上下功夫

伟大时代诞生伟大思想，伟大思想引领伟大征程。党的十九大把

---

① 习近平：《高举中国特色社会主义伟大旗帜 为全面建设社会主义现代化国家而团结奋斗——在中国共产党第二十次全国代表大会上的报告》，《人民日报》2022年10月26日。

第三讲　把提高政治素质作为宣传思想文化工作能力提升的根本要求

习近平新时代中国特色社会主义思想确立为中国共产党必须长期坚持的指导思想，党的十九届六中全会进一步把"两个确立"作为实现中华民族伟大复兴的有力保证和行动指南，党的二十大报告将习近平新时代中国特色社会主义思想的主要内容概括为"十个明确""十四个坚持""十三个方面成就"，要求必须长期坚持并不断丰富发展。因此，我们要带着信念学、带着感情学、带着使命学，深入理解习近平新时代中国特色社会主义思想的理论品格与精神特质。

（1）要饱含对党对人民的感情学。习近平总书记在纪念马克思诞辰 200 周年大会上的重要讲话中指出："马克思主义是人民的理论，第一次创立了人民实现自身解放的思想体系。马克思主义博大精深，归根到底就是一句话，为人类求解放。""马克思主义之所以具有跨越国度、跨越时代的影响力，就是因为它植根人民之中，指明了依靠人民推动历史前进的人间正道。"[1] 这种思想特征和品格，深深融入了作为当代中国马克思主义、21 世纪马克思主义的习近平新时代中国特色社会主义思想之中。习近平新时代中国特色社会主义思想坚持以人民为中心，一切为了人民、一切依靠人民，是当代中国共产党人为人民谋幸福、为民族谋复兴的理论。这一思想彰显了人民创造历史、人民是真正英雄的唯物史观，为人民谋幸福、为民族谋复兴的初心和使命，以人为本、人民至上的价值取向，立党为公、执政为民的执政理念，是写在亿万中国人民心中的科学理论。我们要深刻领悟贯穿在这一思想中的人民立场、人民情怀，坚定理想信念，深刻领悟"两个确立"的决定性意义，切实增强"四个意识"、坚定"四个自信"、做到

---

[1] 习近平：《在纪念马克思诞辰 200 周年大会上的讲话》，《人民日报》2018 年 5 月 5 日。

"两个维护",为实现国家富强、民族振兴、人民幸福而不懈奋斗。

(2)要用正确的立场观点方法学。马克思主义中国化时代化的长期实践证明,坚持和运用马克思主义基本原理解决中国革命、建设、改革的实际问题,需要把马克思主义这个看家本领学精悟透用好,尤其要将其立场观点方法学精悟透用好。习近平新时代中国特色社会主义思想的科学性特征和品格,正是建立在对马克思主义立场观点方法的创造性运用上。比如,习近平总书记经常强调要坚持实事求是、战略定力、问题导向、全面协调、底线思维、调查研究、抓铁有痕、历史担当等,这些科学思想方法和工作方法都体现了正确立场观点方法的统一。新发展理念的提出、稳中求进工作总基调的确立、法治理念和法治思维的强化、全面深化改革的科学方法论的总结、供给侧结构性改革的推进、人民当家作主制度体系的完善以及国家治理体系和治理能力现代化的推进、人类命运共同体的构建,同上述这些思想方法和工作方法一样,无不贯穿和渗透着"怎么看"与"怎么干"的统一、目标与路径的统一、思想方法与工作方法的统一,体现了科学性与可操作性的统一。对待科学的理论必须有科学的态度。习近平总书记指出:"社会主义并没有定于一尊、一成不变的套路,只有把科学社会主义基本原则同本国具体实际、历史文化传统、时代要求紧密结合起来,在实践中不断探索总结,才能把蓝图变为美好现实。"① 要按照这样的思路和要求,在加强理论武装的同时,努力掌握科学正确的立场观点方法,切实增强学习本领、政治领导本领、改革创新本领、科学发展本领、依法执政本领、群众工作本领、狠抓落实本领、驾驭风险

---

① 习近平:《在纪念马克思诞辰200周年大会上的讲话》,《人民日报》2018年5月5日。

第三讲　把提高政治素质作为宣传思想文化工作能力提升的根本要求

本领，真正做到既政治过硬又本领高强。

（3）要紧密联系改革开放和社会主义现代化建设的实际学。"改革开放是我们党的一次伟大觉醒，正是这个伟大觉醒孕育了我们党从理论到实践的伟大创造。改革开放是中国人民和中华民族发展史上一次伟大革命，正是这个伟大革命推动了中国特色社会主义事业的伟大飞跃！""改革开放极大改变了中国的面貌、中华民族的面貌、中国人民的面貌、中国共产党的面貌。中华民族迎来了从站起来、富起来到强起来的伟大飞跃！中国特色社会主义迎来了从创立、发展到完善的伟大飞跃！中国人民迎来了从温饱不足到小康富裕的伟大飞跃！中华民族正以崭新姿态屹立于世界的东方！""40年来取得的成就不是天上掉下来的，更不是别人恩赐施舍的，而是全党全国各族人民用勤劳、智慧、勇气干出来的！我们用几十年时间走完了发达国家几百年走过的工业化历程。在中国人民手中，不可能成为了可能。我们为创造了人间奇迹的中国人民感到无比自豪、无比骄傲！"[①]习近平总书记在庆祝改革开放40周年大会上的这些讲话，铿锵有力、掷地有声。如同改革开放取得的巨大历史性成就是"全党全国各族人民用勤劳、智慧、勇气干出来的"一样，习近平新时代中国特色社会主义思想的理论特征和品格，也不是从天上掉下来的，而是时代和实践特点使然。当前，我们正在进行具有许多新的历史特点的伟大斗争，时代和实践提出的许多重大课题都是根本性、方向性的，关乎我们党长期执政，关乎国家长治久安，关乎民族前途命运。我们既要搞清楚方向、道路、命运等大本大源问题，又要脚踏实地、一步一个脚印地推进一

---

① 习近平：《在庆祝改革开放40周年大会上的讲话》，《人民日报》2018年12月19日。

个个具体问题的解决,把顶层设计与实践探索、理论创新与实践创新、改变中国与影响世界紧密结合起来。习近平新时代中国特色社会主义思想的这种实践性特征和品格,既体现在顶层设计与实现路径的高度统一,又体现在战略构想与工作抓手的高度统一,更体现在聚焦问题与解决问题的高度统一。深入学习习近平新时代中国特色社会主义思想,就是要带着问题学、紧密联系改革开放和社会主义现代化建设的实际学,使学习的力量、思想的力量转化为实践的力量与贯彻执行的最大增量。

三、在指导实践推动工作上下功夫

"时代是思想之母,实践是理论之源。"习近平新时代中国特色社会主义思想这一重要理论的凝练,具有极其重大的时代价值,对于我们进一步认识党的十八大以来党的理论创新成果,坚持和发展当代中国的马克思主义、21世纪的马克思主义,以全新宽广的视野深入探索人类社会发展规律、共产党执政规律、社会主义建设规律、中国特色社会主义发展规律,具有根本性、长远性的理论指导作用。

(1)要坚持不懈地推动习近平新时代中国特色社会主义思想入脑入心。习近平新时代中国特色社会主义思想是实现中华民族伟大复兴的行动指南,是做好一切工作的根本遵循,必须认认真真学、原原本本学,深刻领会其丰富内涵和精髓要义,准确把握贯穿其中的马克思主义立场观点方法,知其然更知其所以然,切实铸入灵魂、融入血脉、深入骨髓。毛泽东同志说过:"代表先进阶级的正确思想,一旦被群

第三讲　把提高政治素质作为宣传思想文化工作能力提升的根本要求

众掌握，就会变成改造社会、改造世界的物质力量。"① 因此，在加强基层群众学习的过程中，创新宣讲方式，既要严谨又讲生动、既解读内涵又阐释外延，注重运用朴素的语言和鲜活的事例，深入浅出地宣传宣讲，让老百姓听得懂、能领会、可落实。在学习过程中，既要带着深厚感情学，也要紧密联系党和国家事业发生的历史性变革、取得的历史性成就学，深刻领悟"两个确立"的决定性意义，切实增强"四个意识"、坚定"四个自信"、坚决做到"两个维护"。要紧密联系个人思想工作实际，把自己摆进去，把职责摆进去，把工作摆进去，用好批评和自我批评这一锐利武器，开展积极健康的思想斗争，在思想交锋中深化认识、统一思想，切实增强不忘初心、牢记使命、永远奋斗的责任感和使命感。要建立常态化学习机制，把学习习近平新时代中国特色社会主义思想纳入教学培训、党委（党组）理论学习中心组学习、党员教育活动中，真正变成广大领导干部的必修课。要把习近平新时代中国特色社会主义思想作为发现问题、分析问题、解决问题的重要法宝，自觉用这一伟大思想指导实践、推动工作，在学习贯彻落实中不断深化思想认识、提高理论水平，确保学以致用、用以促学。

（2）要坚持不懈地用习近平新时代中国特色社会主义思想指导实践。实践是理论的基础，是检验理论真理性的标准；理论的价值主要在于理论对实践具有巨大的指导作用。理论既来自实践，又指导实践。毛泽东同志在《实践论》中指出："人们要想得到工作的胜利即得到预想的结果，一定要使自己的思想合于客观外界的规律性，如果不合，

---

① 《毛泽东文集》第八卷，人民出版社1999年版，第320页。

就会在实践中失败。"①实践没有止境,理论创新也没有止境。世界每时每刻都在发生变化,中国也每时每刻都在发生变化,我们必须在理论上跟上时代,不断认识规律,不断推进理论创新、实践创新、制度创新、文化创新以及其他各方面创新。只有这样,才能达到思想新、理论新、实践新,才能形成日日新、月月新、年年新的浓厚氛围。要大兴调查研究之风,坚持问题导向,深入基层和一线,多层次、多方位、多渠道了解实际情况,认真查找主要矛盾的变化及变化中的矛盾问题,把思路理清、办法找准、工作做实。要拿出"路线图""时间表",确保经济社会发展成果得到人民认可、经得起历史检验。要找准发展不平衡、不充分的问题,坚持质量第一、效益优先,多做打基础、利长远的工作,切实以改革创新精神推动工作和建设,努力实现更高质量、更有效率、更加公平、更可持续的发展。始终坚持以人民为中心的发展理念,把群众的小事当作自己的大事,在发展中补齐民生短板、促进社会公平正义,不断满足多样化、多层次、多方面需求,努力让人民群众有更多获得感、幸福感、安全感。要坚持和加强党的全面领导,坚持党要管党、全面从严治党,以党的政治建设为统领,统筹推进党的各项建设,不断提高党的建设质量,推动全面从严治党向纵深发展。

（3）要坚持不懈地用习近平新时代中国特色社会主义思想推动工作。"思想决定思路,思路决定出路。"一个时代有一个时代的主题,一代人有一代人的使命。党的十八大以来,正是在以习近平同志为核心的党中央的坚强领导下,我们党以巨大的政治勇气和强烈的责

---

① 《毛泽东选集》第一卷,人民出版社1991年版,第284页。

第三讲 把提高政治素质作为宣传思想文化工作能力提升的根本要求

任担当,解决了许多长期想解决而没有解决的难题,办成了许多过去想办而没有办成的大事,中国特色社会主义进入新时代。中国发展取得历史性成就、发生历史性变革,中华民族正以崭新姿态屹立于世界东方。必须用习近平新时代中国特色社会主义思想去推动工作,实现中华民族伟大复兴,为人类社会进步作出更大贡献。在党的十九大上,习近平总书记强调指出:"中华民族伟大复兴,绝不是轻轻松松、敲锣打鼓就能实现的。全党必须准备付出更为艰巨、更为艰苦的努力。"[1] 在党的二十大上,习近平总书记进一步强调:"党用伟大奋斗创造了百年伟业,也一定能用新的伟大奋斗创造新的伟业。全党全军全国各族人民要紧密团结在党中央周围,牢记空谈误国、实干兴邦,坚定信心、同心同德、埋头苦干、奋勇前进,为全面建设社会主义现代化国家、全面推进中华民族伟大复兴而团结奋斗!"[2]

广大领导干部要始终在贯彻落实习近平新时代中国特色社会主义思想上走在前列,不断提高政治站位和政治能力,深刻领悟"两个确立"的决定性意义,增强"四个意识"、坚定"四个自信"、做到"两个维护",坚决贯彻落实党的基本理论、基本路线、基本方略,自觉做到党中央提倡的坚决响应、党中央决定的坚决执行、党中央禁止的坚决不做,始终在思想上政治上行动上同以习近平同志为核心的党中央保持高度一致,作忠诚核心、维护核心的表率。始终在贯彻新发展理念、推动高质量发展上走在前列,紧密结合实际,充分发挥各地特色资源优势,培育新动能、激发新活力。始终在增进民生福祉上走在

---

[1] 习近平:《决胜全面建成小康社会 夺取新时代中国特色社会主义伟大胜利——在中国共产党第十九次全国代表大会上的报告》,《人民日报》2017年10月28日。

[2] 习近平:《高举中国特色社会主义伟大旗帜 为全面建设社会主义现代化国家而团结奋斗——在中国共产党第二十次全国代表大会上的报告》,《人民日报》2022年10月26日。

前列,紧扣主要矛盾变化的新特点,下大力气解决群众在教育、就业、收入、社保、医疗、养老、居住、环境等方面的操心事、烦心事,不断增强人民群众的获得感、幸福感、安全感。始终高举改革旗帜,增强改革勇气,强化责任担当,坚持问题导向,切实抓好关键领域改革。切实夯实管党治党主体责任,严守党的政治纪律和政治规矩,强化基层组织政治功能,严格落实中央八项规定精神,持续正风肃纪反腐,努力营造海晏河清的政治生态。

第三节　把坚持正确政治方向的要求贯穿融入宣传思想文化工作各环节、全过程

讲政治不是抽象的，而是要落实到具体行动上、体现到实际效果上。要始终坚持党管宣传、党管媒体、党管意识形态、党管互联网，始终坚持政治家办报办刊办台办新闻网站，始终坚持党性和人民性相统一，把坚持正确政治方向的要求贯穿融入宣传思想文化工作各环节、全过程。无论是理论武装、新闻出版、广播电视、网信工作，还是文化文艺、思想道德教育、精神文明创建、对外宣传，都要善于从政治上看问题，增强政治敏锐性和政治鉴别力，牢牢把握正确的政治方向、舆论导向、价值取向。要严明政治纪律和政治规矩，严守宣传纪律和工作纪律，做到有令必行、有禁必止，以统一的意志、坚决的行动履行好党和人民赋予的职责使命。

一、在举旗帜中打好主动仗

旗帜决定方向，道路决定命运。习近平总书记强调指出，"在方向问题上，我们头脑必须十分清醒，不断推动社会主义制度自我完善和发展，坚定不移走中国特色社会主义道路"。古人讲："参天之木，必有其根；怀山之水，必有其源。"做好宣传思想文化工作，"举旗帜"是基础中的基础、关键处的关键。举好旗帜，才能打好主动仗，赢得主动性。

（1）要高举马克思主义伟大旗帜。习近平总书记强调指出："两个世纪过去了，人类社会发生了巨大而深刻的变化，但马克思的名字依然在世界各地受到人们的尊敬，马克思的学说依然闪烁着耀眼的真理光芒！""马克思主义始终是我们党和国家的指导思想，是我们认识世界、把握规律、追求真理、改造世界的强大思想武器。"[①]学习马克思，就要学习和实践马克思主义关于人类社会发展规律、坚守人民立场、生产力和生产关系、人民民主、文化建设、社会建设、人与自然关系、世界历史、政党建设等思想。就要真学真懂真信真用马克思主义，把读马克思主义经典、悟马克思主义原理当作生活习惯与精神追求，自觉用经典涵养正气、淬炼思想、升华境界、指导实践。人民有信仰，国家有力量，民族有希望。这个信仰就是马克思主义。人民有了马克思主义的信念，有了共产主义理想，大家心往一处想，劲往一处使，国家就有力量，民族就会有希望。高举马克思主义伟大旗帜，

[①] 习近平：《在纪念马克思诞辰200周年大会上的讲话》，《人民日报》2018年5月5日。

是思想宣传文化工作的根本。

（2）要高举中国特色社会主义伟大旗帜。习近平总书记指出："中国特色社会主义是植根于中国大地、反映中国人民意愿、适应中国和时代发展进步要求的科学社会主义。""世界上没有放之四海而皆准的发展模式，也没有一成不变的发展道路。""历史和现实都告诉我们，只有社会主义才能救中国，只有中国特色社会主义才能发展中国。"①坚定不移高举中国特色社会主义伟大旗帜，就是坚持当代中国发展进步的根本方向。坚持当代中国发展进步的根本方向，必须坚持"解放思想，实事求是"的思想路线，必须坚持"一个中心、两个基本点"的基本路线，必须坚持"一切为了群众，一切依靠群众，从群众中来，到群众中去"的群众路线。

（3）要坚持不懈地用习近平新时代中国特色社会主义思想武装全党、教育人民、推动工作。习近平新时代中国特色社会主义思想，是马克思主义中国化时代化最新成果，是党和人民实践经验和集体智慧的结晶，是中国特色社会主义理论体系的重要组成部分，是全党全国人民为实现中华民族伟大复兴而奋斗的行动指南。当前，我们已经顺利完成了第一个百年奋斗目标，并顺势开启了向第二个百年奋斗目标迈进的新征程，比历史上任何时期都更接近实现中华民族伟大复兴的目标。同时也要看到，前进道路并不平坦，还需要时刻准备应对重大挑战、抵御重大风险、克服重大阻力、解决重大矛盾。科学理论是坚持正确方向、战胜艰难险阻的强大思想武器。只有坚持用习近平新时代中国特色社会主义思想武装头脑、指导工作，才能更加坚定实现宏

---

① 习近平：《在学习〈胡锦涛文选〉报告会上的讲话》，《人民日报》2016年9月30日。

伟蓝图的信心，不断增强克服困难的勇气，不忘初心、继续前进，创造无愧于时代、无愧于人民、无愧于历史的新业绩。

二、在聚民心中壮大正能量

习近平总书记强调指出，聚民心，就是要牢牢把握正确舆论导向，唱响主旋律，壮大正能量，做大做强主流思想舆论，把全党全国人民士气鼓舞起来、精神振奋起来，朝着党中央确定的宏伟目标团结一心向前进。

（1）要坚持以正面宣传为主。习近平总书记强调指出："坚持团结稳定鼓劲、正面宣传为主，是宣传思想工作必须遵循的重要方针。""充分发挥正面宣传鼓舞人、激励人的作用。""必须增强主动性、掌握主动权、打好主动仗，帮助干部群众划清是非界限、澄清模糊认识。"① 坚持正面宣传为主，就要统一思想、提高认识，切实增强坚定性自觉性；就要履行好围绕中心、服务大局的基本职责，广泛凝聚实现"两个一百年"奋斗目标和中华民族伟大复兴中国梦的强大正能量；就要坚持党性和人民性相统一，把体现党的主张和反映人民心声统一起来。要以全面的视角，及时准确地宣传党的理论、路线、方针、政策，宣传共产主义社会的美好、社会主义的巨大优越性、中国特色社会主义事业历史性成就，宣传中国共产党带领中国人民为中国人民谋幸福、为中华民族谋复兴、为世界谋和平的非凡创造与贡献，宣传人民群众创造历史、改造社会、建设新生活的英雄壮举。注重讲成绩、

---

① 习近平：《论党的宣传思想工作》，中央文献出版社2020年版，第16页。

第三讲 把提高政治素质作为宣传思想文化工作能力提升的根本要求

鼓信心、讲困难、长志气、讲攻坚、增勇气，并针对思想舆论中的杂音噪音予以坚决回击。

（2）要坚持以人民为中心。群众利益无小事，民生问题大于天。聚民心，就必须把实现好、维护好、发展好最广大人民根本利益作为出发点和落脚点，把服务群众同教育引导群众结合起来，把满足需求同提高素养结合起来，多宣传报道人民群众的伟大奋斗和火热生活，多宣传报道人民群众中涌现出来的先进典型和感人事迹，丰富人民精神世界，增强人民精神力量，满足人民精神需求。注重做好热点问题的舆论引导，针对人民群众关心的各种利益问题，主动设置议题，及时解疑释惑，引导心理预期，增进社会共识。加大舆论监督力度，坚持准确监督、科学监督、依法监督、建设性监督，更好地维护人民利益，密切党群关系，促进社会和谐。要全面回应现实的民生需要，深入乡村生活，将那些新近发生的、人民群众熟悉的、关乎其美好生活向往的点滴挖掘、提炼出来，用具体的社会民生加强宣传工作者与人民群众之间的联系，引发共鸣，提升宣传思想文化工作效果。

（3）要善于运用群众语言。马克思说："理论一经掌握群众，也会变成物质力量。"毛泽东认为："代表先进阶级的正确思想，一旦被群众掌握，就会变成改造社会、改造世界的物质力量。"[①] 习近平总书记曾指出："有少数干部不会同群众说话，在群众面前处于失语状态。其实，语言的背后是感情、是思想、是知识、是素质。不会说话是表象，本质还是严重疏离群众，或是目中无人，对群众缺乏感情；或是身无才干，做工作缺乏底蕴；或是手脚不净、形象不好，在人前缺乏

---

① 《毛泽东文集》第八卷，人民出版社1999年版，第320页。

正气。"① 语言传递感情。多用群众耳熟能详的语言、喜闻乐见的形式、普遍认可的道理、有目共睹的事实进行宣传，往往事半功倍，达到润物无声的效果。宣传思想文化工作，不仅要能透过万象归纳价值，更需要运用人民群众的生动话语内容、话语形式来表现要讲的理论观点，力争说准说明说透说到人民群众心上。

三、在育新人中提供强支撑

"宣传思想工作是做人的工作的，要把培养担当民族复兴大任的时代新人作为重要职责。"习近平总书记将"育新人"作为新形势下宣传思想文化工作的使命任务之一，深刻阐释了培养能够担当民族复兴大任时代新人的认识论，深刻回答了提高人民思想觉悟、道德水准、文明素养的方法论，成为做好新时代宣传思想文化工作的有力遵循。

（1）要筑牢精神之基。坚定理想信念，坚守共产党人精神追求，始终是共产党人安身立命的根本。对马克思主义的信仰，对社会主义和共产主义的信念，是共产党人的政治灵魂，是共产党人经受住任何考验的精神支柱。育新人，就要把坚定理想信念作为党的思想建设的首要任务，教育引导全党牢记党的宗旨，挺起共产党人的精神脊梁，解决好世界观、人生观、价值观这个"总开关"问题，自觉做共产主义远大理想和中国特色社会主义共同理想的坚定信仰者和忠实实践者。深入开展中国特色社会主义宣传教育，积极宣传中国特色社会主义道路的独特创造、中国特色社会主义理论体系的独特价值、中国特

---

① 习近平：《之江新语》，浙江人民出版社2007年版，第146页。

色社会主义制度的独特优势,大力彰显马克思主义真理的力量,引导干部群众深刻领会党的理论创新成果,做到虔诚而执着、至信而深厚。坚持不懈开展中国梦宣传教育,深入宣传阐释中国梦的基本内涵和目标要求,深入宣传阐释实现中国梦的现实路径、价值支撑和动力源泉,推动中国梦入脑、入心、入行动。

(2)要培育文明之风。"蓬生麻中,不扶自直。"社会风尚的好坏,直接影响着育新人工作的成败。育新人,既要广泛开展英模学习宣传活动,营造崇尚英雄、学习英雄、捍卫英雄、关爱英雄的浓厚氛围;也要大力弘扬时代新风,加强思想道德建设,深入实施公民道德建设工程,加强和改进思想政治工作,推进新时代文明实践中心建设,不断提升人民思想觉悟、道德水准、文明素养和全社会文明程度;还要弘扬新风正气,推进移风易俗,培育文明乡风、良好家风、淳朴民风,焕发文明新气象。坚持多管齐下,培育知荣辱、讲正气、作奉献、促和谐的良好风气,进而熏陶时代新人的健康成长。

(3)要聚集社会之力。实现新的宏伟蓝图,书写新的发展奇迹,离不开亿万人民的奋斗与创造。同样,培育担当民族复兴大任的时代新人,也需要举全社会之力,形成"众人划桨开大船""众人拾柴火焰高"的局面。这就需要树立强烈的育人意识,紧盯发展需求,自觉选好管好用好人才,积极引导各类人才投身强国建设、民族复兴实践。坚持用发展的、全面的、辩证的眼光识别人才,让人才用实绩来说话、以能力论高低。要探索构建符合育人的管理制度,着力拆除各种阻碍,让时代新人有更多自由的发展空间。要建立健全育人机制,切实为时代新人成长培植沃土、提供环境、搭建平台。要坚持鼓励创新、宽容失败,让时代新人的创新想法得到尊重、创新举措得到支持、创新成果得到保护。

四、在兴文化中激发新活力

文化是一个国家、一个民族的灵魂。① 一个民族的复兴需要强大的物质力量，也需要强大的精神力量。文化兴国运兴，文化强民族强。兴文化，就是为中华民族的伟大复兴举精神之旗、立精神支柱、建精神家园。

（1）要发展社会主义先进文化。发展社会主义先进文化就要以马克思主义为指导、弘扬以爱国主义为核心的民族精神和以改革创新为核心的时代精神，把社会主义核心价值体系融入经济社会建设的全方位和全过程，自觉将人民群众的根本利益置于"兴文化"的首位，以满足人民日益增长的美好生活需要为着力点，丰富和发展人民群众喜闻乐见的文化活动、文化产品与文化事业。

（2）要传承好革命文化。中国人民近代以来180多年的斗争史，中国共产党100多年的奋斗史，中华人民共和国70多年的发展史，都是人民书写的历史。作为长期革命实践中所有物质文化与精神财富的总和，革命文化蕴含丰富的革命精神和厚重的历史文化内涵。应着力打造凸显特色、刻画鲜明人物、拥有群众基础的革命文学、影视舞台、美术手工等文艺作品，充分发挥互联网、新媒体作用，主动将革命文化融入经济社会发展。

（3）要全面推动中华优秀传统文化创造性转化与创新性发展。创

---

① 中共中央宣传部：《习近平文化思想学习纲要》学习出版社、人民出版社2024年版，第1页。

造性转化，尤其需要根据新的时代特点与要求，对中华优秀传统文化的现代价值加以挖掘和改造，不断激活其生命力与引领力；创新性发展，更需要注重做好传统文化自身发展的补充、拓展和完善，赋予新的时代内涵。要注重把握新时代宣传思想文化工作特点，协同推进中华优秀传统文化的研发、普及、传承、创新与交流工作。2023年6月2日，习近平总书记在文化传承发展座谈会上强调，中国文化源远流长，中华文明博大精深。只有全面深入了解中华文明的历史，才能更有效地推动中华优秀传统文化创造性转化、创新性发展，更有力地推进中国特色社会主义文化建设，建设中华民族现代文明。

五、在展形象中创造大业绩

展形象，就是展示自身良好形象。从宣传思想文化工作角度而言，展形象主要是指加强国际传播能力建设，向世界展现真实、立体、全面的中国。在做好外宣工作的同时，宣传思想文化战线还要加强自身形象建设，树立好的形象。干部形象是干部的言、谈、举、止所表现出来的精神风貌，是干部内在素质、文化修养、道德修养的重要表现。开展宣传思想文化工作，领导干部是主心骨和带头人，不仅要树立好形象，还要在展示好形象中带领人民共同创造伟大业绩。

（1）重在与民同心。与中国人民心心相印，才能不忘为中国人民谋幸福、为中华民族谋复兴的初心。党从建立之日起就把党的命运和人民群众的命运紧密联系在一起，把人民群众当成是衣食父母，从群众中来，到群众中去，全心全意为人民服务，以人民为中心、坚持人民立场，全面改善人民生活，让人民得实惠享幸福，党同人民群众建立了深厚的鱼水亲情。宣传思想文化战线必须始终做到把人民利益摆在至高无上的地位，同人民想在一起、干在一起，与人民同甘共苦、团结奋斗，一件事情接着一件事情办，一年接着一年干，让改革发展成果更多更公平惠及全体人民，使人民的获得感、幸福感、安全感更加充实、更有保障、更可持续。

（2）贵在深入民心。坚持把宣传群众与服务群众统一起来，用群众身边的事例，用群众听得懂的语言，把涉及群众利益的政策阐释好，把群众关注的热点问题引导好，多讲真情实感，少说子虚乌有，多谈鲜活实例，少言空话套话，多创作一些群众看得进、听得懂、能接受、喜闻乐见的文艺作品，以浅显易懂、灵活多样的形式传达新成果，使宣传思想文化工作切实走进群众内心世界，得到群众认同。

（3）常在为民尽心。让群众得到实惠，宣传思想文化工作才有说服力。宣传思想文化工作尤其需要虚事实做，从解决好群众最关心、最直接、最现实的问题着手，着力反映群众生活中的矛盾，帮助群众解决发展难题。要维护群众的合法权益，多关注和倾听群众的意见与呼声，多深入群众调查研究，用情、用心与人民群众建立血肉联系。凡是涉及群众具体利益和实际困难的事，再小也要当作大事、要事、急事去办。坚持在了解群众所需、所盼、所想中，让宣传思想文化工作更加有的放矢，在群众中实现由听到信、由信到行的转变。

第四讲

把增强专业本领作为宣传思想文化工作能力提升的关键核心

做好新形势下宣传思想文化工作，关键在党，关键在人。面对新形势下宣传思想文化工作面临的严峻挑战，进一步提升宣传思想文化战线的本领能力，比以往任何时候都更加重要、更为紧迫。对此，宣传思想文化战线要跟上时代节拍，不断掌握新知识、熟悉新领域、开拓新视野，增强本领，提高能力，特别是着力提高把握正确方向导向的能力、巩固壮大主流思想文化的能力、强化意识形态阵地管理的能力、加强网上舆论宣传和斗争的能力、处理复杂问题和突发事件的能力。

第四讲 把增强专业本领作为宣传思想文化工作能力提升的关键核心

第一节 宣传思想文化战线需要强烈的专业精神和过硬的专业能力

一、习近平总书记关于增强宣传思想文化工作队伍本领能力的重要论述

党的十八大以来,宣传思想文化工作取得了历史性成就,发生了历史性变革。在取得巨大成就的同时,宣传思想文化工作也面临着前所未有的风险挑战。形势的发展变化给宣传思想文化工作队伍的本领能力提出了新的要求。

2013年8月19日,习近平总书记在全国宣传思想工作会议上发表重要讲话指出,宣传思想工作就是要巩固马克思主义在意识形态领域的指导地位,巩固全党全国人民团结奋斗的共同思想基础。党员、干部要坚定马克思主义、共产主义信仰,脚踏实地为实现党在现阶段的基本纲领而不懈努力,扎扎实实做好每一项工作,取得"接力赛"中我们这一棒的优异成绩。领导干部特别是高级干部要把系统掌握马

| 守正创新　新时代宣传思想文化工作能力提升八讲

克思主义基本理论作为看家本领，老老实实、原原本本学习马克思列宁主义、毛泽东思想，特别是邓小平理论、"三个代表"重要思想、科学发展观。党校、干部学院、社会科学院、高校、理论学习中心组等都要把马克思主义作为必修课，成为马克思主义学习、研究、宣传的重要阵地。新干部、年轻干部尤其要抓好理论学习，通过坚持不懈学习，学会运用马克思主义立场、观点、方法观察和解决问题，坚定理想信念。习近平总书记指出，宣传思想部门承担着十分重要的职责，必须守土有责、守土负责、守土尽责。宣传思想部门工作要强起来，首先是领导干部要强起来，班子要强起来。各级宣传部门领导同志要加强学习、加强实践，真正成为让人信服的行家里手。①

2014年10月15日，习近平总书记在文艺工作座谈会上讲话指出，文艺工作者要自觉坚守艺术理想，不断提高学养、涵养、修养，加强思想积累、知识储备、文化修养、艺术训练，努力做到"笼天地于形内，挫万物于笔端"。除了要有好的专业素养之外，还要有高尚的人格修为，有"铁肩担道义"的社会责任感。在发展社会主义市场经济条件下，还要处理好义利关系，认真严肃地考虑作品的社会效果，讲品位，重艺德，为历史存正气，为世人弘美德，为自身留清名，努力以高尚的职业操守、良好的社会形象、文质兼美的优秀作品赢得人民喜爱和欢迎。②

2016年2月19日，习近平总书记在党的新闻舆论工作座谈会上强调，媒体竞争关键是人才竞争，媒体优势核心是人才优势。要加快

---

① 《习近平在全国宣传思想工作会议上强调 胸怀大局把握大势着眼大事 努力把宣传思想工作做得更好》，《人民日报》2013年8月21日。

② 习近平：《在文艺工作座谈会上的讲话》，《人民日报》2015年10月15日。

第四讲　把增强专业本领作为宣传思想文化工作能力提升的关键核心

培养造就一支政治坚定、业务精湛、作风优良、党和人民放心的新闻舆论工作队伍。新闻舆论工作者要增强政治家办报意识，在围绕中心、服务大局中找准坐标定位，牢记社会责任，不断解决好"为了谁、依靠谁、我是谁"这个根本问题。要提高业务能力，勤学习、多锻炼，努力成为全媒型、专家型人才。要转作风改文风，俯下身、沉下心、察实情、说实话、动真情，努力推出有思想、有温度、有品质的作品。要严格要求自己，加强道德修养，保持一身正气。①

2016年4月19日，习近平总书记在网络安全和信息化工作座谈会上讲话强调，各级党政机关和领导干部要学会通过网络走群众路线，经常上网看看，潜潜水、聊聊天、发发声，了解群众所思所愿，收集好想法好建议，积极回应网民关切、解疑释惑。善于运用网络了解民意、开展工作，是新形势下领导干部做好工作的基本功。各级干部特别是领导干部一定要不断提高这项本领。②

2016年5月17日，习近平总书记在哲学社会科学工作座谈会上发表重要讲话强调，我国广大哲学社会科学工作者要坚持人民是历史创造者的观点，树立为人民做学问的理想，尊重人民主体地位，聚焦人民实践创造，自觉把个人学术追求同国家和民族发展紧紧联系在一起，努力做出经得起实践、人民、历史检验的研究成果。习近平总书记指出，要大力弘扬优良学风，推动形成崇尚精品、严谨治学、注重诚信、讲求责任的优良学风，营造风清气正、互学互鉴、积极向上的学术生态。广大哲学社会科学工作者要立志做大学问、做真学问，严

---

①　《习近平在党的新闻舆论工作座谈会上强调 坚持正确方向创新方法手段 提高新闻舆论传播力引导力》，《人民日报》2016年2月20日。

②　《习近平主持召开网络安全和信息化工作座谈会强调 在践行新发展理念上先行一步 让互联网更好造福国家和人民》，《人民日报》2016年4月20日。

肃对待学术研究的社会效果，以深厚的学识修养赢得尊重，以高尚的人格魅力引领风气，在为祖国、为人民立德立言中成就自我、实现价值。①

2018年4月21日，习近平总书记在全国网络安全和信息化工作会议上讲话指出，各级领导干部特别是高级干部要主动适应信息化要求、强化互联网思维，不断提高对互联网规律的把握能力、对网络舆论的引导能力、对信息化发展的驾驭能力、对网络安全的保障能力。各级党政机关和领导干部要提高通过互联网组织群众、宣传群众、引导群众、服务群众的本领。要推动依法管网、依法办网、依法上网，确保互联网在法治轨道上健康运行。②

2018年8月21日，习近平总书记在全国宣传思想工作会议上强调指出，宣传思想干部要不断掌握新知识、熟悉新领域、开拓新视野，增强本领能力，加强调查研究，不断增强脚力、眼力、脑力、笔力，努力打造一支政治过硬、本领高强、求实创新、能打胜仗的宣传思想工作队伍。这是习近平总书记对新形势下宣传思想工作队伍建设提出的总要求，集中反映了党中央对宣传思想战线政治素质、理论水平、业务能力、工作作风的高标准和严要求。③

2019年1月25日，中共中央政治局在人民日报社就全媒体时代和媒体融合发展举行第十二次集体学习，习近平总书记主持学习并发

---

① 《习近平主持召开哲学社会科学工作座谈会强调 结合中国特色社会主义伟大实践 加快构建中国特色哲学社会科学》，《人民日报》2016年5月18日。

② 《习近平在全国网络安全和信息化工作会议上强调 敏锐抓住信息化发展历史机遇 自主创新推进网络强国建设》，《人民日报》2018年4月22日。

③ 《习近平在全国宣传思想工作会议上强调 举旗帜聚民心育新人兴文化展形象 更好完成新形势下宣传思想工作使命任务》，《人民日报》2018年8月23日。

表重要讲话强调，各级党委和政府要从政策、资金、人才等方面加大对媒体融合发展的支持力度。各级宣传管理部门要改革创新管理机制，配套落实政策措施，推动媒体融合朝着正确方向发展。各级领导干部要增强同媒体打交道的能力，不断提高治国理政能力和水平。①

2019年3月4日，习近平总书记看望参加全国政协十三届二次会议的文化艺术界、社会科学界委员联组会时强调指出，文化文艺工作者要走进实践深处，观照人民生活，表达人民心声，用心用情用功抒写人民、描绘人民、歌唱人民。哲学社会科学工作者要多到实地调查研究，了解百姓生活状况、把握群众思想脉搏，着眼群众需要解疑释惑、阐明道理，把学问写进群众心坎里。文艺创作要以扎根本土、深植时代为基础，提高作品的精神高度、文化内涵、艺术价值。哲学社会科学研究要立足中国特色社会主义伟大实践，提出具有自主性、独创性的理论观点。文化文艺工作者、哲学社会科学工作者都肩负着启迪思想、陶冶情操、温润心灵的重要职责，承担着以文化人、以文育人、以文培元的使命。大家理应以高远志向、良好品德、高尚情操为社会作出表率。要有信仰、有情怀、有担当，树立高远的理想追求和深沉的家国情怀，努力做对国家、对民族、对人民有贡献的艺术家和学问家。要坚守高尚职业道德，多下苦功、多练真功，做到勤业精业。要自觉践行社会主义核心价值观，自尊自重、自珍自爱，讲品位、讲格调、讲责任。②

2021年12月14日，习近平总书记在中国文联十一大、中国作

---

① 《习近平在中共中央政治局第十二次集体学习时强调 推动媒体融合向纵深发展 巩固全党全国人民共同思想基础》，《人民日报》2019年1月26日。

② 习近平：《一个国家、一个民族不能没有灵魂》，《求是》2019年第8期。

协十大开幕式上讲话指出,文化兴则国家兴,文化强则民族强。当代中国,江山壮丽,人民豪迈,前程远大。时代为我国文艺繁荣发展提供了前所未有的广阔舞台。推动社会主义文艺繁荣发展、建设社会主义文化强国,广大文艺工作者义不容辞、重任在肩、大有作为。广大文艺工作者要增强文化自觉、坚定文化自信,以强烈的历史主动精神,积极投身社会主义文化强国建设,坚持为人民服务、为社会主义服务方向,坚持百花齐放、百家争鸣方针,坚持创造性转化、创新性发展,聚焦举旗帜、聚民心、育新人、兴文化、展形象的使命任务,在培根铸魂上展现新担当,在守正创新上实现新作为,在明德修身上焕发新风貌,用自强不息、厚德载物的文化创造,展示中国文艺新气象,铸就中华文化新辉煌,为实现第二个百年奋斗目标、实现中华民族伟大复兴的中国梦提供强大的价值引导力、文化凝聚力、精神推动力。[①]

2023年6月2日,习近平总书记在文化传承发展座谈会上强调,在新的历史起点上继续推动文化繁荣、建设文化强国、建设中华民族现代文明,要坚定文化自信,坚持走自己的路,立足中华民族伟大历史实践和当代实践,用中国道理总结好中国经验,把中国经验提升为中国理论,实现精神上的独立自主。要秉持开放包容,坚持马克思主义中国化时代化,传承发展中华优秀传统文化,促进外来文化本土化,不断培育和创造新时代中国特色社会主义文化。要坚持守正创新,以守正创新的正气和锐气,赓续历史文脉、谱写当代华章。

2023年10月,习近平总书记对宣传思想文化工作作出重要指示强调,新时代新征程,世界百年未有之大变局加速演进,中华民族伟

---

① 习近平:《在中国文联十一大、中国作协十大开幕式上的讲话》,《人民日报》2021年12月15日。

大复兴进入关键时期,战略机遇和风险挑战并存,宣传思想文化工作面临新形势新任务,必须要有新气象新作为。各级党委(党组)要把做好宣传思想文化工作作为重大政治责任扛在肩上,确保党中央关于文化建设的决策部署落到实处。各级宣传文化部门要强化政治担当,勇于改革创新,敢于善于斗争,不断开创新时代宣传思想文化工作新局面。

二、增强"四力"是增强宣传思想文化工作队伍本领能力的集中体现

增强"脚力、眼力、脑力、笔力"是习近平总书记对新形势下宣传思想文化工作队伍提出的总要求,对宣传思想文化战线进一步加强政治建设、作风建设,提升业务本领,更好地承担使命任务具有十分重要的意义。

(1)面对纷繁复杂的国内外舆论传播形势,迫切要求提高宣传思想文化工作队伍的本领能力。面对信息革命的急剧变革,以互联网为标志的新传播技术深刻改变了舆论生态、媒体格局和传媒方式。传统的传播方式和传播渠道已经成为过去,现在人人都拥有麦克风、人人都是电视台成为常态。信息获取和传播的自由给宣传思想文化工作带来巨大的挑战,受众成为稀缺资源,如何使宣传思想文化工作精准达到所有人群,成为一项艰巨而重要的任务。而从国际传播形势来看,"西强我弱"的传播格局没有根本改变,如何应对、抵御、化解以美国为首的西方敌对势力对我国抹黑、污蔑和攻击,讲好中国故事,传播好中国声音,展现一个真实、立体、全面的中国,重新树立负责任

大国的良好形象，亟需我们加强国际传播能力建设，重新审视和部署宣传思想文化工作的策略、方法和手段。

（2）要想顺利完成新形势下宣传思想文化工作的使命任务，宣传思想文化战线必须从根本上提高本领能力。在2013年的宣传思想工作会议上，党中央提出了巩固马克思主义在意识形态领域的指导地位、巩固全党全国人民团结奋斗的共同思想基础的根本任务，在2018年的全国宣传思想工作会议上，党中央提出了"举旗帜、聚民心、育新人、兴文化、展形象"的使命任务。在2023年的全国宣传思想文化工作会上，党中央提出了聚焦用党的创新理论武装全党、教育人民这个首要政治任务，围绕在新的历史起点上继续推动文化繁荣、建设文化强国、建设中华民族现代文明这一新的文化使命。这是党中央对宣传思想文化工作的根本要求，要想完成这个使命任务必须要有坚定的政治立场、正确的舆论导向、神圣的社会职责、高超的传播艺术等，但其根本的要求或基础性的要求则是宣传思想文化工作者必须时刻践行并不断增强"脚力、眼力、脑力、笔力"，通过增强本领能力来提高宣传思想文化工作的质量和水平，提高宣传思想文化工作的针对性和有效性，进而起到提高说服力、感染力、感召力、引导力的作用。

（3）打造一支"政治过硬、本领高强、求实创新、能打胜仗"的宣传思想文化队伍，是宣传思想文化战线增强本领能力的内在要求。习近平总书记指出，意识形态工作是一项极端重要的工作。培养造就一支"政治过硬、本领高强、求实创新、能打胜仗"的宣传思想文化队伍，无疑是做好宣传思想文化工作的前提和基础。新时代新使命新任务迫切要求宣传思想文化工作守正创新，砥砺前行。而习近平总书

第四讲 把增强专业本领作为宣传思想文化工作能力提升的关键核心

记提出的增强业务本领要求,不但为我们指明了方向,还为我们提供了世界观和方法论。宣传思想文化战线只有努力奋发、担当作为,才能创作出无愧于伟大时代、无愧于习近平总书记嘱托、无愧于党和人民殷切期盼的优秀业绩。

在实践中要想增强本领能力,需要开展六项行动。一是实施政治素质提升行动,着眼于强化政治意识、提高政治站位、增强政治能力,加强党性锻炼、严肃党内政治生活、强化基层组织建设;二是理论素养提升行动,深化党的基本理论、基本路线、基本方略学习教育,用好学习强国平台、广泛开展系列教育培训;三是服务群众能力提升行动,把服务群众作为增强本领能力的落脚点,增进群众感情、满足群众需求,解决联系群众不够、了解实际不深、服务供给不精准等问题;四是全媒体传播能力提升行动,推动媒体融合发展,做大做强主流思想舆论,加强理论创新、机制创新,推动宣传思想文化工作队伍熟练掌握新媒体传播规律,不断提升优质内容的生产能力、传播能力;五是风险防范能力提升行动,坚持底线思维,着力防范化解重大风险,强化风险意识,增强斗争本领,切实提高意识形态领域相关问题的发现力、研判力、处置力;六是工作作风提升行动,进一步转作风、改文风,着力解决形式主义、官僚主义以及工作标准不高、不精准、不深耕、不细作等问题。

宣传思想文化战线要以增强"脚力、眼力、脑力、笔力"为抓手,对照要求找差距、补短板、强弱项,不断提升工作能力。增强脚力,就是要"多走、走实",加强调查研究,踏石留印,察实情,进一步推动广大宣传思想文化战线接地气、知民心、察民情,特别是要将"走基层、转作风、改文风"切实推向深入。增强眼力,就是要"多看、看准",开阔视野,不断提高观察力、发现力、判断力,及时发现不良舆论倾向、错误思想苗头,有效辨别各种噪音杂音,加强对宣传思想文化领域重大问题的分析研判,牢牢把握正确的舆论方向。增强脑力,就是要"多想、想深",坚持用习近平新时代中国特色社会主义思想武装头脑、指导实践,深刻领悟"两个确立"的决定性意义,牢固树立"四个意识",始终坚定"四个自信",坚决做到"两个维护",勤于学习,深入思考,不断掌握新知识、熟悉新领域、开拓新视野,在贯彻落实党的理论和路线方针政策上,既坚守立场又不故步自封,既顺应规律又敢于创新。增强笔力,就是要"多练、练熟",脚力、眼力、脑力最终还是体现在笔力上,文字能力是所有能力的最终体现,作为宣传思想文化工作者必须提高文字水平。善于表达、勇于表达、熟练表达是宣传思想文化工作者的看家本领。要用事例说服人,言之有理、言之有物,避免空话、套话,熟练运用新技术创新传播方式、表达方式,推进理念、内容等全方位创新,牢牢占领信息传播的制高点。宣传思想文化工作进入守正创新的重要阶段,全面增强工作队伍"脚力、眼力、脑力、笔力",对于推动宣传思想文化战线在政治上强起来、工作上强起来、队伍上强起来,更好承担起举旗帜、聚民心、育新人、兴文化、展形象的使命任务,凝聚砥砺奋进新时代、同心共筑中国梦的磅礴力量,具有十分重要的意义。

第二节 把更多的精力放在提高建网、用网、治网的能力上

一、不断提高网上正面宣传和网络舆论引导的水平

宣传思想文化工作是在人的头脑里搞建设，没有"几把刷子"是干不了的。宣传思想文化战线提升能力水平，必须在培育专业精神、提升专业素养、增强专业能力上下功夫，掌握"看家本领"，练出好把式、真功夫，更好地适应和跟上时代的变化、实践的发展、人民的期待。合格的宣传思想文化工作者，掌握精湛的专业技能是基础。要争做岗位上的行家里手、领域里的专门家，从理论上、笔头上、口才上或其他专长上练好练精"几把刷子"，真正做到讲的话群众喜欢听，写的文章群众喜欢读，创作的影视作品、舞台艺术群众喜欢看。宣传思想文化战线应当有着更高标准，始终保持本领恐慌、本领不足的危机感，一刻不停增强本领，着力提高把握正确方向导向的能力、巩固壮大主流思想文化的能力、管理意识形态阵地的能力、开展网上舆论

宣传和斗争的能力、处理复杂问题和突发事件的能力,牢牢掌握工作的主导权、主动权。

当前,互联网已经成为宣传思想文化工作的主阵地、意识形态斗争的主战场。提升业务本领,必须把更多的精力放在提高建网、用网、治网的能力上。要强化互联网思维,积极探索网络信息生产传播的特点规律,深刻把握传统媒体和新兴媒体融合发展的趋势,善于运用网络新技术新应用,熟练掌握分众化、互动化方式,不断提高网上正面宣传和网络舆论引导的水平。要提高网络综合治理能力,善于运用经济、法律、行政、技术等各种手段管网治网,推动形成更加清朗的网络空间,使互联网这个最大变量转变为事业发展的最大增量。

宣传思想文化工作面临新形势新情况。一是宣传思想文化工作的对象"人"已经发生改变。宣传思想文化工作是做人的工作,人心向背决定执政合法性,但世界上最难做的工作就是争取人心的工作。当前,我们已进入信息革命时代,"人"已经不再是21世纪之前的"人"。进入21世纪,互联网的媒体属性越来越强,日益成为人们获取信息、发表看法的重要载体。"人"的认识能力增强,知识结构更加完善,见识日益增多,对政策的理解能力提升,不再轻易相信说教与灌输的信息;"人"的维权意识增强,信奉"上访不如上网",习惯通过互联网表达诉求,制造舆论压力;对美好生活的期待更加强烈,对政府的要求越来越高;14亿人民中有11亿多人已转化成为网民,通过互联网参政议政热情高、容易接受新思想、容易受到新思潮影响,公众的参与意识日益增强。二是宣传思想文化工作的环境发生了改变。五四运动时期、抗日战争时期、解放战争时期,争取人心主要靠传单、标语、报纸、街头诗运动、戏曲活动等方式；从新中国成立到互联网成为媒体之前这一段时间，争取人心主要靠报纸、电视、广播、标语等方式；网络媒体日益成为信息传播主渠道之后，争取人心不能再靠老套路、老路径。特别是针对常年在外务工的"不在场"的农村青壮年，通过传统的报纸、电视台、广播、标语等平台争取人心往往"鞭长莫及"。三是宣传思想文化工作的技术手段发生了改变。传统的印刷、多媒体传输等技术已经变成了当前的人工智能、推荐算法、区块链、IPv6、5G、无人机、VR、ChatGPT等各种新技术新应用。这些新技术新应用在宣传思想文化工作领域开始逐步大展身手。我们必须加强学习、强化运用，用得好才是真本事。

宣传思想文化工作对象的改变、环境的改变、技术手段的改变都要求我们必须以变应变。从根本上解决问题，就是要不断增强业务能力，克服"本领恐慌"。一是要深化认识，提高政治能力。宣传思想文化工作必须坚持理论照亮现实，必须深入学习习近平新时代中国特色社会主义思想，特别是习近平文化思想，在学懂弄通做实上下功夫。通过学习深化认识、学以致用，不断提高理论水平和政治能力，拥护"两个确立"，树牢"四个意识"，坚定"四个自信"，坚决做到"两个维护"，确保宣传思想文化工作始终沿着正确方向前进。二是要结合实际细化具体化。要通过强化工作调研的锤炼，努力提升深入实际的能力，通过强化对事物的观察发现和辨别的锤炼，努力提升透过现象看本质的能力，通过深入思考的锤炼，努力提升思辨的能力，通过思想表达的锤炼，努力提升说服群众、掌握群众的能力。三是要在"长""常"上下功夫。增强本领能力是一个长期的实践过程，绝不可半途而废、虎头蛇尾、见好就收，而是要久久为功，不断深化，不断适应新形势新变化，打好持久战。

二、使互联网这个最大变量变成事业发展最大增量

我们正在进行具有许多新的历史特点的伟大斗争，面临的挑战和困难前所未有，必须坚持巩固壮大主流思想舆论，弘扬主旋律，传播正能量，激发全社会团结奋进的强大力量。当前，宣传思想文化工作处于历史最好时期，同时也面临最大压力。落后就要挨打，贫穷就要挨饿，失语就要挨骂。长期以来，我们党带领人民就是要不断解决"挨打""挨饿""挨骂"这三大问题。经过几代人不懈奋斗，前两个问题基本得到解决，但"挨骂"问题还没有得到根本解决，争取话语权特别是国际话语权是我们必须解决好的一个重大问题。

（1）把统一思想、凝聚力量作为宣传思想文化工作的中心环节。我们现在正处于实现中华民族伟大复兴的关键时期，当前，我们比历史上任何时期都更接近、更有信心和能力实现中华民族伟大复兴的目标。中华民族伟大复兴，绝不是轻轻松松、敲锣打鼓就能实现的。全党必须准备付出更为艰巨、更为艰苦的努力。党的十九大报告提出，实现伟大梦想，必须进行伟大斗争。社会是在矛盾运动中前进的，有矛盾就会有斗争。我们党要团结带领人民有效应对重大挑战、抵御重大风险、克服重大阻力、解决重大矛盾，必须进行具有许多新的历史特点的伟大斗争，任何贪图享受、消极懈怠、回避矛盾的思想和行为都是错误的。全党要更加自觉地坚持党的领导和我国社会主义制度，坚决反对一切削弱、歪曲、否定党的领导和我国社会主义制度的言行；更加自觉地维护人民利益，坚决反对一切损害人民利益、脱离群众的

行为；更加自觉地投身改革创新时代潮流，坚决破除一切顽瘴痼疾；更加自觉地维护我国主权、安全、发展利益，坚决反对一切分裂祖国、破坏民族团结和社会和谐稳定的行为；更加自觉地防范各种风险，坚决战胜一切在政治、经济、文化、社会等领域和自然界出现的困难和挑战。① 党的二十大报告进一步强调，坚持发扬斗争精神，增强全党全国各族人民的志气、骨气、底气，不信邪、不怕鬼、不怕压，知难而进、迎难而上，统筹发展和安全，全力战胜前进道路上各种困难和挑战，依靠顽强斗争打开事业发展新天地。②

两军相争勇者胜。中国特色社会主义进入新时代，统一思想、汇聚力量任务之艰巨前所未有，必须把统一思想、凝聚力量作为宣传思想文化工作的中心环节。当前，我国发展形势总体很好，我们党要团结带领人民实现党中央确定的战略目标，夺取中国特色社会主义新胜利，更加需要坚定自信、鼓舞斗志，更加需要同心同德、团结奋斗。我们必须把人民对美好生活的向往作为我们的奋斗目标，既解决实际问题又解决思想问题，更好强信心、聚民心、暖人心、筑同心。

（2）有效维护我国政治安全和文化安全。当前，世界百年未有之大变局加速演进，增强国际话语权、提升国家文化软实力任务之艰巨前所未有。对此，我们必须既积极主动阐释好中国道路、中国特色，又有效维护我国政治安全和文化安全。国家安全是安邦定国的重要基石，意识形态安全是国家安全的重要屏障。改革开放以来，

---

① 习近平：《决胜全面建成小康社会 夺取新时代中国特色社会主义伟大胜利——在中国共产党第十九次全国代表大会上的报告》，《人民日报》2017年10月28日。

② 习近平：《高举中国特色社会主义伟大旗帜 为全面建设社会主义现代化国家而团结奋斗——在中国共产党第二十次全国代表大会上的报告》，《人民日报》2022年10月26日。

中国经济发展取得了举世瞩目的成就,伴随中国经济的成功,中国政治体制的优越性和发展模式的影响力也日益增大。对于中国政治体制的优越性和发展模式的影响力,中西方之间本来可以互学互鉴、互利共赢,共同引领世界经济发展、维护世界政治安全,但西方一些势力基于强烈的政治偏见,往往戴着有色眼镜来看待中国的经济成绩和体制优势,误认为中国的发展壮大会威胁到西方政治体制、制度模式和价值观,便想方设法、不择手段地对中国实施"遏制""和平演变",其中,意识形态渗透是西方敌对势力对我国推行西化、分化战略的最主要手段。在这种背景下,为有效维护国家政治安全,党中央居安思危,于2015年1月23日审议通过了《国家安全战略纲要》,强调要以人民安全为宗旨,以政治安全为根本,以经济安全为基础,以军事、文化、社会安全为保障,以促进国际安全为依托,构建新形势下的总体国家安全观。基于这种总体国家安全观,2015年7月1日第十二届全国人民代表大会常务委员会第十五次会议通过了《中华人民共和国国家安全法》,在第二十三条中对意识形态安全和文化安全进行了规定:"国家坚持社会主义先进文化前进方向,继承和弘扬中华民族优秀传统文化,培育和践行社会主义核心价值观,防范和抵制不良文化的影响,掌握意识形态领域主导权,增强文化整体实力和竞争力。"《中华人民共和国国家安全法》的制定,表明了我们由"传统国家安全观"向"新型国家安全观"的认识转变,开始通过国家强制立法的形式,将柔性的意识形态要求转化为刚性的法律制度约束,既拓展了国家安全的内容要素,又提升了意识形态安全的地位作用。因此,在总体国家安全体系中,意识形态安全不仅是政治安全的重要内容,是文化安全的基本体现,同时作为总

第四讲　把增强专业本领作为宣传思想文化工作能力提升的关键核心

体国家安全的思想内核，意识形态安全还贯穿于国家安全始终。在这个意义上，维护意识形态安全、文化安全是总体国家安全观的重要内容和必然要求，也是全党特别是宣传思想文化战线的一项重要工作。

（3）建设具有强大凝聚力和引领力的社会主义意识形态。当前，思想文化相互激荡、价值观念多元多样，建设具有强大凝聚力和引领力的社会主义意识形态任务之艰巨前所未有。对此，我们必须坚持以立为本、立破并举，不断增强社会主义意识形态的凝聚力和引领力。在全面深化改革时期，意识形态领域形势往往会更为复杂，各种思潮会趋向活跃，各种噪音杂音可能泛起，各种妄议和谣言可能增多，宣传思想文化工作稳预期、稳思想、稳人心的压力增大。另外，传统的宣传教育方式面临网络新媒体的挑战，每一部手机都是制造新闻和产出舆论的平台，每一个网民都可能成为信息来源和传播媒介，意识形态舆情往往生成快、演化迅速，如果预警不力、处置失当，一些小事就会变成大的舆情事件，一些地方的事也可能牵动全国关注。同时，我国经济发展进入新常态，改革进入攻坚期和深水区，经济热点和民生热点增多，舆论引导"时度效"的把握和拿捏难度非同以往，还有一些人趁机恶意炒作"阶层焦虑"、宣扬"经济悲观论"等，企图动摇人心、干扰大局。面对新的形势，面对保持全社会思想统一、人心稳定的重要使命，重视和加强新闻舆论应对和融媒体建设，提高地方基层宣传思想文化领导干部的能力水平，是宣传思想文化战线应对新挑战新考验、主动适应新形势新任务的必然要求。

（4）使互联网这个最大变量变成事业发展最大增量。新一轮科技革命带来传播格局深刻变革，信息化发展及其趋势使得改进创新宣传思想文化工作任务之艰巨前所未有。对此，我们必须科学认识网络传播规律，提高用网治网水平，使互联网这个最大变量变成事业发展的最大增量。坚持营造风清气正的网络空间。网络空间是亿万民众共同的精神家园，而不是少数人的法外之地。高度发达的平台承载着鱼龙混杂的信息，在带来传播便利的同时也已越来越成为网上热点生成和传播的策源地。习近平总书记就曾多次强调：网络空间天朗气清、生态良好，符合人民利益；网络空间乌烟瘴气、生态恶化，不符合人民利益。[①] 坚持营造风清气正的网络空间，亿万民众共同的精神家园将越来越美好。一是要科学认识网络传播规律。互联网是基于新技术条件所生成的传播平台，有其特定的技术逻辑。一个健康网络生态的形成，需要尊重网络传播基本规律，从而放大其在社会发展中的正能量。事实上，也只有摸透网络传播规律，创造网民喜爱的表达方式，提高感染力和说服力，因势而谋、应势而动、顺势而为，才能在众说纷纭中凝聚共识，在众声喧哗中唱响主旋律，为改革发展赢得更为深厚的群众基础。二是要提高用网治网水平。保持网络空间天朗气清、生态良好，需要增强大家参与网络空间治理的积极性，走出一条齐抓共管、良性互动的新路。要实现这一点，就必须做到依法管网，完善法律法规，加快信息化服务普及；依法治理，维护网络安全，打击网络传销、网络诈骗等犯罪行为；依法用网，正确引导网络舆论，加强网上意识形态工作，推动网络经济和网络产业的发展。多措并举，互联网发展将惠及更多人民。三是要使互联网这个最大变量变成事业发展的最大增量。互联网引发了深刻的传播革命，已成思想文化信息的集散地和

---

① 习近平：《论党的宣传思想工作》，中央文献出版社2020年版，第196页。

社会舆论的放大器。做好新时代的网络思想舆论工作，亟须以"能力升级"的创新精神，消除网络时代的"本领恐慌"，让"最大变量"成为"最大增量"，让日新月异的互联网发展成为社会进步的助推器、实现梦想的力量源，让世界变得更多彩、让生活变得更丰富。

2023年7月15日，习近平总书记对网络安全和信息化工作作出重要指示指出，新时代新征程，网信事业的重要地位作用日益凸显。要以习近平新时代中国特色社会主义思想为指导，全面贯彻落实党的二十大精神，深入贯彻党中央关于网络强国的重要思想，切实肩负起举旗帜聚民心、防风险保安全、强治理惠民生、增动能促发展、谋合作图共赢的使命任务，坚持党管互联网，坚持网信为民，坚持走中国特色治网之道，坚持统筹发展和安全，坚持正能量是总要求、管得住是硬道理、用得好是真本事，坚持筑牢国家网络安全屏障，坚持发挥信息化驱动引领作用，坚持依法管网、依法办网、依法上网，坚持推动构建网络空间命运共同体，坚持建设忠诚干净担当的网信工作队伍，大力推动网信事业高质量发展，以网络强国建设新成效为全面建设社会主义现代化国家、全面推进中华民族伟大复兴作出新贡献。习近平总书记的重要指示鲜明提出网信工作的使命任务，明确"十个坚持"重要原则，并对网信工作提出要求，具有很强的政治性、战略性、指导性，为做好新时代新征程网信工作指明了方向。党的十八大以来，宣传思想文化工作之所以取得历史性成就，最根本就在于有习近平总书记领航掌舵，有习近平新时代中国特色社会主义思想科学指引。习近平总书记关于网络强国的重要思想，科学回答了网信事业发展的一系列重大理论和实践问题，把党对网信工作的规律性认识提升到全新高度，是新时代、新征程引领网信事业高质量发展、建设网络强国的行动指南，我们要深入学习领会，更加深刻领悟"两个确立"的决定性意义，坚决做到"两个维护"，切实贯彻到网信工作全过程。

习近平总书记高度重视网络安全问题，多次发表重要讲话，强调网络安全的重要性。2014年2月27日，在中央网络安全和信息化领导小组第一次会议上指出，"网络安全和信息化是一体之两翼、驱动之双轮，必须统一谋划、统一部署、统一推进、统一实施"①。2016年4月19日，在网络安全和信息化工作座谈会上强调，"网络安全和信息化是相辅相成的。安全是发展的前提，发展是安全的保障，安全和发展要同步推进"②。2018年4月20日，在网络安全和信息化工作会议上再次强调，"没有网络安全就没有国家安全，就没有经济社会稳定运行，广大人民群众利益也难以得到保障"，深刻指出了网络安全对于国家安全的前提基础作用，成为新时代网络强国战略的逻辑起点。

国家安全是治国理政的根本前提，网络安全是国家安全的核心关键。在西方敌对势力不断对我国推行西化、分化战略背景下，为有效维护国家安全，党中央居安思危，于2015年1月审议通过了《国家安全战略纲要》，强调要坚持以人民安全为宗旨、以政治安全为根本、以经济安全为基础，以军事科技文化社会安全为保障，以促进国际安全为依托，构建新形势下的总体国家安全观。基于这种新型国家安全观，2015年7月，十二届人大十五次会议通过了《中华人民共和国国家安全法》，专门在第二十五条对网络安全进行了规定，提出要建

---

① 中共中央党史和文献研究院编：《习近平关于网络强国论述摘编》，中央文献出版社2021年版，第90页。

② 习近平：《论党的宣传思想工作》，中央文献出版社2020年版，第201—202页。

设网络与信息安全保障体系,提升网络与信息安全保护能力,维护国家网络空间主权、安全和发展利益。2016年11月,为保障网络安全,维护网络空间主权和国家安全、社会公共利益,保护公民、法人和其他组织的合法权益,促进经济社会信息化健康发展,第十二届全国人民代表大会常务委员会第二十四次会议专门通过《中华人民共和国网络安全法》。

人民是历史的创造者,是决定党和国家前途命运的根本力量。对我们党来说,人民立场是党的根本政治立场,人民性是党的根本政治属性。习近平总书记在不同场合多次强调要坚持以人民为中心。在2013年8月19日召开的全国宣传思想工作会议上强调,要树立以人民为中心的工作导向,多宣传报道人民群众的伟大奋斗和火热生活,满足人民精神需求;①在2016年4月19日召开的网络安全和信息化工作座谈会上强调,网信事业要发展,必须贯彻以人民为中心的发展思想,适应人民期待和需求,让亿万人民在共享互联网发展成果上有更多获得感。②在2018年4月20日召开的网络安全和信息化工作会议上再次强调,网信事业发展必须贯彻以人民为中心的发展思想,把增进人民福祉作为信息化发展的出发点和落脚点,让人民群众在信息化发展中有更多获得感、幸福感、安全感。③通过这些重要讲话可以看出,坚持以人民为中心是习近平新时代中国特色社会主义思想一以贯之的精神实质和灵魂旗帜,也是新时代网络强国战略一以贯之的价值主线和核心要义,必须在党的各项工作中,包括在网信工作中,全面

---

① 习近平:《论党的宣传思想工作》,中央文献出版社2020年版,第16页。
② 习近平:《论党的宣传思想工作》,中央文献出版社2020年版,第193页。
③ 习近平:《论党的宣传思想工作》,中央文献出版社2020年版,第303页。

准确地予以贯彻落实。在网信工作中坚持以人民为中心，就要把党的群众路线贯彻到网信工作全部活动之中，为人民服务、为人民担当，顺应人民群众对美好生活的向往，不断实现好、维护好、发展好最广大人民根本利益，做到网信事业发展为了人民、发展依靠人民、发展成果由人民共享。

全面依法治国是坚持和发展中国特色社会主义的本质要求和重要保障，是实现国家治理体系和治理能力现代化的必然要求，事关我们党执政兴国、事关人民幸福安康、事关党和国家长治久安。党的十八大以来，习近平总书记高度重视法治建设，不仅把全面依法治国纳入"四个全面"战略布局，还多次强调要运用法治思维和法治方式，在法治轨道上推动各项工作。依法推进网信工作是全面推进依法治国的应有之义。习近平总书记非常重视网络安全和信息化工作法治建设，多次强调要坚持依法治网、依法办网、依法上网，加强网络法治建设。其中，在党的十八届三中全会决定的说明中指出，如何加强网络法制建设和舆论引导，确保网络信息传播秩序和国家安全、社会稳定，已经成为摆在我们面前的现实突出问题。在中央网络安全与信息化领导小组第一次会议上提出，要抓紧制定立法规划，完善互联网信息内容管理、关键信息基础设施保护等法律法规，依法治理网络空间，维护公民合法权益。在第二届世界互联网大会指出，网络空间不是"法外之地"，大家都应该遵守法律，明确各方权利义务，让互联网在法治轨道上健康运行。在2018年的网络安全和信息化工作会议上再次强调，要推动依法管网、依法办网、依法上网，确保互联网在法治轨道上健康运行。对此，不仅要提高网络综合治理能力，形成经济、法律、技术等多种手段相结合的综合治网格局，还要培育公平的市场环境，强化知识产权保护，反对垄断和不正当竞争，更要依法严厉打击网络黑客、电信网络诈骗、侵犯公民个人隐私等违法犯罪行为，维护人民群众合法权益。因此，在新时代贯彻落实网络强国战略，推进网信事业发展，就必须按照全面依法治国要求，加快网络立法进程，健全网络法律体系建设，完善依法监管措施，全面推进网络空间法治化，使得依法治理成为新时代网信事业发展的时代主题和鲜明特征。

第三节 勤于学习、善于思考、精于表达

一、把学习当作紧迫的任务、永恒的追求

宣传思想文化队伍要强起来,提高政治能力是根本,增强专业本领是关键。对干部自身来说,就是要全方位增强脚力、眼力、脑力、笔力,不断提高综合素质。可以说,这"四力",既是构成本领能力的重要内容,也是提升本领能力的方法路径。一是练脚力。就是要走出去、走下去,加强调查研究。宣传部门要大兴调查研究之风,形成制度性安排。每个干部都不能满足于在办公室、在电脑前获得二手甚至三手资料,道听途说、闭门造车,必须走出机关,深入基层,切实把调查研究作为提升工作水平的重要基本功、破解难题的根本方法,真正做到望闻问切,对症下药。二是练眼力。就是要善于观察、善于发现、善于判断、善于辨别,既见人之所见,亦见人之未见。作为宣传干部,必须站在党和国家事业发展的全局高度来看问题:一方面,要带领群众认清形势、把握大势,传播好党的主张,人民心声,做好

"统一思想、凝聚力量"的工作；另一方面，要敏锐发现倾向性、苗头性问题，增强工作的预见性和主动性。三是练脑力。就是要开动脑筋，勤于思考、善于思考，提高分析问题和解决问题的能力。现在我们在一些问题上失之肤浅、失于片面，就是因为没有练强脑力，没有多想，习惯于接受上级领导现成的命令，不多问几个为什么，长此以往，头脑就会生锈，就会丧失独立思考的能力，人云亦云，亦步亦趋。宣传干部，尤其是年轻干部要充分发挥思维活跃的优势，加强学习，强化创新意识，培养质疑精神，及时开动脑筋，在思考中总结经验，在思考中提升本领。四是练笔力。"写"是宣传干部的看家本领。提升"笔力"不是一时之功，必须持之以恒，平时要勤于学习，做善于积累写作素材的"有心人"；要勤于深入调研，做善于分析问题的"明白人"；要甘于寂寞，做肯下苦功、下硬功的"老实人"。每个干部都要克服畏难情绪，经常练笔，在写作中倒逼自己去思考工作，研究问题，只有平时多读、多写、多练，才能厚积薄发，做到心中有好思想、胸中有大格局、笔下有好文采。

提升业务本领没有捷径，必须勤于学习、善于思考、勇于实践。要把学习当作紧迫的任务、永恒的追求，在加强政治学习的基础上，结合工作实际加强积累、深钻细研，切实打牢专业功底，广泛涉猎政治经济、历史文化、法律社会、科学技术等各方面知识，不断认识新事物、熟悉新领域、开拓新视野。要把学习和思考紧密结合起来，增强战略思维、历史思维、辩证思维、系统思维、创新思维、法治思维、底线思维，既有敏于发现的眼睛，又有深刻洞察的头脑，练就透过现象看本质、廓清迷雾辨是非的本领。要把实践作为增长才干的根本途径，发扬实干、苦干精神，坚持在干中学、在学中干，做到学以致用、用以促学、学用相长，不断提高运用科学理论和丰富知识解决实际问题的能力。

二、营造善于学习、勇于实践的浓厚氛围

理论是实践的先导，思想是行动的指南。我们党从成立伊始就特别注重理论学习和思想政治建设，并始终把理论学习和思想政治建设当作党的基础性工程来抓。党的十八大以来，以习近平同志为核心的党中央坚持思想建党与制度治党相结合，注重从思想上建党，强调理论武装与理论创新有机结合，通过带头学习来带动全党全社会大兴学习之风，党的理论学习和思想政治建设取得了重大进展，成为新时期管党治党、执政兴国的重要举措和根本要求。尤其是党的十八届六中全会审议通过了《关于新形势下党内政治生活的若干准则》，明确提出"必须高度重视思想政治建设，把坚定理想信念作为开展党内政治生活的首要任务"，从全面从严治党的战略高度对理论学习和思想政治建设的地位和作用进行了规定部署。

党中央对领导干部理论学习的重视主要体现在对党委（党组）理论学习中心组学习的高度重视上。党委（党组）理论学习中心组学习［在实践中经常被简称为党委（党组）理论中心组学习、党委（党组）中心组学习、理论学习中心组或党委中心组学习］是各级领导班子和领导干部在职理论学习的重要组织形式，是严肃党内政治生活、强化党性修养的重要内容，是全党理论学习的"风向标""示范班"和"排头兵"。重视理论学习、注重思想政治建设，不仅是我们党一以贯之的优良传统，也是我们党长期形成的政治优势。对此，党中央长远规

第四讲　把增强专业本领作为宣传思想文化工作能力提升的关键核心

划，作出了一系列重大决策部署：党的十七届四中全会提出，要把建设马克思主义学习型政党作为重大而紧迫的战略任务抓紧抓好；党的十八大又提出了"建设学习型、服务型、创新型的马克思主义执政党"的战略任务。党的十八大以来，以习近平同志为核心的党中央高度重视领导干部学习和党委（党组）中心组学习工作，在不同场合多次就加强各级领导班子和领导干部理论学习作出重要指示，并身体力行、率先垂范，为全党作出了表率，有力推动了全党理论学习的深入开展。

为进一步加强全党学习，党中央采取一系列重大举措，在2013—2014年先后分两批组织开展了党的群众路线教育实践活动，2015年在县处级以上领导干部中组织开展了"三严三实"专题教育，在2016年组织开展了在全体党员中开展"学党章党规、学系列讲话，做合格党员"学习教育，2019年在全党开展"不忘初心、牢记使命"主题教育，2021年在全党开展党史学习教育，2023年以县处级以上领导干部为重点在全党深入开展学习贯彻习近平新时代中国特色社会主义思想主题教育，2024年在全党开展党纪学习教育，2025年在全党开展深入贯彻中央八项规定精神学习教育。经过这些学习教育，全党大兴学习之风，通过学习增强理论素养和党性修养的风气蔚然形成。新时代加强党的思想理论建设，最根本的是用习近平新时代中国特色社会主义思想来统一思想、稳定人心、凝聚共识。2016年10月，党的十八届六中全会审议通过了《关于新形势下党内政治生活的若干准则》和《中国共产党党内监督条例》，明确提出"必须高度重视思想政治建设，把坚定理想信念作为开展党内政治生活的首要任务"，把思想建设摆在党的建设重要位置，对思想建党作出了重要部署，对思想建党的原则、内容、要求作出了明确规定。

对于加强领导干部理论学习的重要性，2013年3月1日，习近平总书记在中央党校建校80周年庆祝大会暨2013年春季学期开学典礼上讲话指出，领导干部学习不学习不仅仅是自己的事情，本领大小也不仅仅是自己的事情，而是关乎党和国家事业发展的大事情。因此，在新的历史起点上，面对新的形势和任务，我们全体党员和各级领导干部，都要不忘初心、继续前进，以加强和改进党委（党组）中心组学习为抓手，坚定理想信念，提高理论素养，增强工作能力，为实现"两个一百年"奋斗目标和中华民族伟大复兴的中国梦提供政治保证、智力支撑和思想保障。

党中央之所以高度重视理论学习工作，是因为理论学习关系到党的前途命运，和每一个党员的成长发展密切相关。早在延安时期，中央就成立了中央学习组，后来又成立中央总学习委员会，毛泽东同志亲自任主任，各解放区也成立了相应的领导干部学习组织，专门抓领导干部的理论学习。新中国成立后，中央就连续发出多个文件，对加强干部理论学习特别是在职干部学习作出明确规定。20世纪50年代，领导干部的理论学习逐步正规化。党的十一届三中全会以后，邓小平同志提出了"全党必须再重新进行一次学习"的要求，强调领导干部特别是年轻干部要学好马克思主义理论，以避免在日益复杂的形势面前迷失方向。各级党委适应改革开放的新形势，积极探索领导干部在职理论学习的形式和办法，逐步在各地各部门形成了党委集中学习的做法，称之为"党委中心组学习"。因此，从历史上看，我们党依靠学习走到今天，也必然依靠学习走向未来。加强和改进党委（党组）中心组学习是新形势下提高党员领导干部理论素养和执政能力的一项重要举措，是我们党在不断加强马克思主义理

第四讲 把增强专业本领作为宣传思想文化工作能力提升的关键核心

论教育的实践中创造的一条重要经验。面对新的形势和任务,我们要不忘初心、继续前进,重要的是抓好领导干部这个"关键少数",加强和改进党委(党组)中心组学习,推动全党全社会大兴学习之风。要适应事业发展的新要求,把握好理论学习中心组学习的主题和重点,强化学习责任,注重学习质量,以学习提升思想作风、能力素养和工作本领。

从我们面临的形势任务看,日新月异的社会、不断拓展的工作领域,对干部队伍的要求越来越高,既要有过硬的政治素质,又要有较强的专业能力;既要有深厚的理论积淀和宽广的知识面,又要有在实践中谋划推动工作的本领。从现在宣传思想文化战线的情况看,80后、90后甚至00后日益成为主体和骨干,高学历的多了,接地气的比较少了;经历单一的多了,经受过复杂斗争历练的比较少了。宣传思想文化工作队伍不适应、跟不上的情况还比较普遍,"本领恐慌"的问题日益凸显,必须在培养专业精神、提升专业素养、增强专业能力上下功夫,更好适应和跟上时代的变化、实践的发展、人民的期待。

提升宣传思想文化工作能力,要把创新创造精神贯穿宣传思想文化工作全过程,推动全战线解放思想、勇闯新路,打破套路思维、克服路径依赖,不断提高把握正确方向导向的能力、巩固壮大主流思想文化的能力、强化意识形态阵地管理的能力、加强网上舆论宣传和斗争的能力、处理复杂问题和突发事件的能力,使宣传思想文化工作更好体现规律性、增强时代性、富于创造性。要着力克服那种"对付、凑合""差不多、过得去"的思想,强化抓精品树品牌的意识,开动脑筋、主动谋划,通过卓有成效的工作,争取打造更多有影响力的亮点和经验出来。当今世界正处于大发展大变革大调整的时期,世界多极化、经济全球化、社会信息化、文化多样化深入发展。世界面临的不稳定性不确定性突出，国内外形势错综复杂。宣传思想文化工作面临的形势和任务不断发展变化，宣传思想文化工作队伍能力适应性正在下降，不适应性正在上升，本领恐慌问题日益突出。特别是面对国内国际新形势、意识形态领域新态势、信息化发展新趋势，统一思想、凝聚力量任务之艰巨，建设具有强大凝聚力和引领力的社会主义意识形态任务之艰巨，增强国际话语权、提升国家文化软实力任务之艰巨，宣传思想文化战线面临着前所未有的挑战。进一步提升宣传思想文化战线的本领能力，比以往任何时候都更加重要、更为紧迫。

当前，宣传思想文化工作进入守正创新的重要阶段，宣传思想文化战线既要有功成不必在我的思想境界，又要有夙夜在公的责任担当；既要有夜不能寐、寝食难安的精神状态，又要有一天当两天用的工作干劲。"四力"就是宣传思想文化战线创新进取的四个轮子，哪个轮子不转，都会阻碍我们前进的步伐，甚至偏离方向。而勤能补拙，要力求脚勤、眼勤、脑勤和笔勤，做到踩实、细察、多想、会写，切实补齐短板，增强本领，始终四轮齐动地不断前进。要把"四力"落到实处，不是几个业务骨干提高本领的问题，而是全宣传思想文化战线都要普遍遵循并付诸行动的；也不能仅停留在理论层面，要可量化、可操作，通过量变达到质变，比如开展"大学习、大调研、大练兵"等活动，让"四力"成为评价干部队伍的标准之一，通过培养"工匠"精神，树立爱岗敬业、勤学苦练、岗位成才的导向，让广大干部队伍的智慧充分涌流，在实际岗位的练兵中推动作风转变，切实增强"四力"。增强"四力"是一项日积月累、持之以恒的工作，是健全人才培养机制、提升队伍整体素质的重要举措，非一日之功方能见效。我们要切实提高政治站位，坚定理想信念、紧扣时代脉搏，把握时代大势，勤学苦练本领，迈开脚步、睁大锐眼、开动脑筋、练就妙笔，永不止步地走下去，为党的宣传思想文化工作作出更大的贡献。

第五讲

把锐意创新创造作为宣传思想文化工作能力提升的紧要环节

中国特色社会主义进入了新时代，当前宣传思想文化工作的外部环境、社会条件、工作对象等都发生了深刻的变化。今天，面对国内国际新形势、意识形态领域新态势、信息化发展新趋势，做好宣传思想文化工作，比以往任何时候都更加需要创新。创新是第一动力，做好新时代的宣传思想文化工作，推动宣传思想文化工作不断强起来，比以往任何时候都更加需要彰显创新的紧迫性和重要性，比以往任何时候都更加需要依靠创新的引领力和推动力。因为，抓创新就是抓发展，谋创新就是谋未来。须知，新时代宣传思想文化工作不走创新发展之路则必然无路可走。

第五讲 把锐意创新创造作为宣传思想文化工作能力提升的紧要环节

第一节 做好宣传思想文化工作比以往任何时候都更加需要创新

一、宣传思想文化工作的外部环境发生了深刻变化

习近平总书记多次指出:"我们面对的是百年未有之大变局。"党的十九大报告提出:"世界正处于大发展大变革大调整时期。"党的二十大报告指出:"当前,世界百年未有之大变局加速演进""当前,世界之变、时代之变、历史之变正以前所未有的方式展开"。当今世界,新兴市场国家和发展中国家的"大发展",全球治理体系和国际秩序的"大变革",国际力量对比和世界格局的"大调整",的确是前所未有、波澜壮阔。其中,"百年未有"体现的是一种历史的厚重感,而"大变局"则是对"大发展大变革大调整"的一种高度提炼。从某种意义上来说,正确理解和把握这个"大变局",决定着我们对当今世界发展趋势与中国改革开放前景的客观认识;努力适应和应对这个"大变局",决定着中华民族伟大复兴中国梦的如期实现。然而,要帮

助更多人正确认识和准确把握这个"百年未有之大变局",就必然离不开宣传思想文化工作,更需要创新宣传思想文化工作。

从历史上看,中国和世界都经历了两次"历史大变局"。中国的第一次"历史大变局"发端于公元前221年左右,代表性事件是秦统一六国。在这一过程中,中国在农业上进入铁犁牛耕时代,在经济上瓦解井田制,在政治上分封制被君主专制的中央集权制取代,在文化上从百家争鸣到思想的统一,在社会形态上完成从奴隶社会向封建社会的转变。大变局的结局是中国形成大一统的政治体、经济体、文化体,而大一统带给中国的是崇尚国家统一、民族团结、社会安定,它是中华民族文化的内核和灵魂。世界范围的第一次"历史大变局"可以追溯到公元前1世纪左右,代表性事件是罗马帝国建立。在这一过程中,罗马共和国成为一个环地中海的多民族、多宗教、多语言、多文化统一大国,经济空前繁荣,疆域幅员辽阔,政治高度稳定,宗教文化发达,这与之后西欧社会近千年"黑暗的中世纪"形成鲜明的对比。应该说,秦汉时期和罗马帝国时期是东西方文明的重大发展和成熟时期。[1]

中国的又一次"历史大变局"发端于19世纪中后期洋务思潮的"变局论",结局是20世纪上半叶中国人民掀起了风起云涌的革命浪潮,结束了2000多年的封建帝制,中华民族迎来了浴火重生的曙光,建立了统一的新中国,从而开启了实现国家富强、民族振兴、人民幸福的伟大征程。世界范围的第二次"历史大变局"可追溯至17世纪,代表性事件是科学革命、工业革命,直至20世纪中叶雅尔塔体系确

---

[1] 杜庆昊:《大历史视野中的百年未有之大变局》,《学习时报》2019年3月11日。

第五讲 把锐意创新创造作为宣传思想文化工作能力提升的紧要环节

立新的世界格局和国际秩序。这一时期时间较长，西方国家经济社会快速发展、科学技术突飞猛进、文化影响不断扩大，在各个领域完成了对亚非拉国家的超越，形成了延续至今东西方社会的差异性格局。

当今所谓"百年未有之大变局"的时代背景，突出地表现在传统国际格局和综合实力发生的变化。"百年未有之大变局"中的百年是个不确切的数字，不一定指一百年，可能更长，也可能更短，准确的理解应该是时间比较长。一战结束至今已100多年，一战之后《凡尔赛条约》的签订确立了大国瓜分小国的国际格局。二战结束至今已近80年，二战之后形成的"雅尔塔体系"确立了美苏争霸的国际格局。但是随着中国改革开放和近年来新兴发展中国家的强势崛起，世界格局正在发生前所未有的变化。全球力量的天平正在从西方向东方转移。应该说，国际格局和国家之间综合实力的变化是"百年未有之大变局"的突出表现。

诚然，当代中国用几十年的时间就走过了西方国家几百年的发展历程。但"百年未有之大变局"是党中央对国际局势的深刻判断和对自身发展的正确认识。正是因为以习近平同志为核心的党中央有强烈的忧患意识和历史担当，要尽早把我们带入社会主义现代化强国，所以对迈向强国进程中所面对的复杂局势和可能经历的困难强调得比较多。如果没有这种强烈的责任感和使命感，我们可能也就不会有这么强烈的忧患意识，也不会对当前局势有这种判断。因此，对"百年未有之大变局"的认识要放到当前中国所处的历史方位和中国共产党人所持的政治担当的背景下考虑。

因此，面对当今世界正处于"百年未有之大变局"的外部环境，宣传思想文化工作就要立足时代前沿，不断深化对时代特征和发展大势的认识把握，自觉把我们的思想从不符合新时代要求的条条框框中解放出来，积极探索社会发展、信息传播、思想演变的内在规律，增强贴近时代的在场感、跟上变化的紧迫感，以敏锐的感知力、洞察力增强工作的适应力、引领力。要加强经验总结，主动向历史学习、向实践学习、向基层学习、向群众学习、向国外学习，善于从各领域各方面的创新做法和基层创造的新鲜经验中拓展新视野、形成新理念、探索新路径，不断提高总结经验、提炼认识、推动工作的能力，创新宣传思想工作。①

二、宣传思想文化工作的社会环境发生了深刻变化

党的十九大提出："中国特色社会主义进入新时代，我国社会主要矛盾已经转化为人民日益增长的美好生活需要和不平衡不充分的发展之间的矛盾。"习近平总书记之所以特别强调要深刻学习领会我国社会主要矛盾发生变化的新特点，是由于社会主要矛盾变化是关系我国发展全局的历史性变化，社会主要矛盾关乎中国特色社会主义新时代发展的全局。②然而，要帮助人们深刻学习领会我国社会主要矛盾发生深刻变化的新特点，就必然离不开宣传思想文化工作，更需要创新宣传思想文化工作。

从唯物史观的角度看社会主要矛盾的变化，就是供需矛盾的变化。社会主要矛盾在根本或本质上，讲的就是需要和供给之间的矛盾

---

① 黄坤明：《增强脚力眼力脑力笔力 守正创新做好新形势下宣传思想工作》，《求是》2019年第1期。

② 韩庆祥：《深刻把握我国社会主要矛盾转化的新特点》，《政策瞭望》2017年第10期。

关系，就是围绕需要和供给之间的矛盾关系来确定的。中国特色社会主义进入新时代，我国社会主要矛盾已经转化为人民日益增长的美好生活需要和不平衡不充分的发展之间的矛盾。从宏观来看，我国的经济、政治、文化、社会、生态等各个领域，归根结底是要解决人民的需要与供给之间的关系。比如，当今我们在经济领域推进供给侧结构性改革；在政治领域，人民对美好生活的向往，就是我们的奋斗目标；在文化领域，一切文化活动都是为了满足人们日益增长的精神文化新需要；在社会领域，我们所讲的保障和改善民生，就是满足人民群众的民生诉求；在哲学社会科学领域，我们所讲的理论研究成果要满足国家发展的需要，其实也是国家需要与理论供给之间的关系；等等。从中观来看，各个地区、各个部门、各个单位、各个组织所做的一切工作，都是为了满足人民群众的需要，满足社会的需要，服务党和国家发展的需要。从微观来看，我们一切个人的活动都是为了满足自己的需要或满足他人、社会、国家的需要。

由此看来，要认识和把握时代发展、社会发展的总体状况和根本状况，就必须从人们的需要与供给之间的矛盾关系状况入手：一要看整个社会人们的需要状况；二要看整个社会的供给状况；三要看整个社会供给满足人们需要的状况。把这三个状况搞清楚了，整个时代发展、社会发展状况也就搞清楚了，各种社会矛盾也就搞清楚了。

社会主要矛盾的转化，从总体上反映当今我国时代发展、社会发展状况以及发展水平，反映我国发展全局的状况。我们必须紧紧围绕我国社会主要矛盾转化的状况及其特点，找到在发展中所存在的根本问题，这实际上就是发展的不平衡不充分。进而，我们要把解决不平衡不充分的发展作为我们党和国家的根本任务和工作重点，我们党和国家发展的一切工作都要围绕这一根本任务和工作重点来进行。只有这样，才能进一步推动中国发展的整体转型升级，迎来强起来的伟大飞跃，才能担当起实现中华民族伟大复兴的历史使命，才能日益走近世界舞台的中央，才能避免出现颠覆性的错误。由此，党的十九大报告强调："必须认识到，我国社会主要矛盾的变化是关系全局的历史性变化，对党和国家工作提出了许多新要求。我们要在继续推动发展的基础上，着力解决好发展不平衡不充分问题，大力提升发展质量和效益，更好满足人民在经济、政治、文化、社会、生态等方面日益增长的需要，更好推动人的全面发展、社会全面进步。"[①] 党的二十大报告重申："我们对新时代党和国家事业发展作出科学完整的战略部署，提出实现中华民族伟大复兴的中国梦，统揽伟大斗争、伟大工程、伟大事业、伟大梦想，明确'五位一体'总体布局和'四个全面'战略布局，确定稳中求进工作总基调，统筹发展和安全，明确我国社会主要矛盾是人民日益增长的美好生活需要和不平衡不充分的发展之间的矛盾，并紧紧围绕这个社会主要矛盾推进各项工作，不断丰富和发展人类文明新形态。"[②]

因此，面对我国社会主要矛盾发生深刻变化的社会条件，面对宣传思想文化领域人民群众对更好精神文化生活的需求日益高涨的社会环境，满足人民群众对精神文化方面的美好向往和殷切期待就是我们宣传思想文化工作的奋斗目标、动力源泉。而面对这样一种全新的社会环境，如果再用以往老套的工作内容、陈旧的工作手段和落后的工

[①] 习近平：《决胜全面建成小康社会夺取新时代中国特色社会主义伟大胜利——在中国共产党第十九次全国代表大会上的报告》，《人民日报》2017年10月28日。

[②] 习近平：《高举中国特色社会主义伟大旗帜 为全面建设社会主义现代化国家而团结奋斗——在中国共产党第二十次全国代表大会上的报告》，《人民日报》2022年10月26日。

作方法,已经无法满足人民群众当前的文化需要,更加不能创造人民群众未来的文化供给,创新已然迫在眉睫。创新宣传思想文化工作必须要坚持以人民为中心,把增强人民群众的精神文化获得感、幸福感作为出发点和落脚点,要着眼推动文化高质量发展,围绕创作生产、公共服务、经营管理等各个环节,苦练内功、精益求精、追求卓越,着力提高内容的原创力、传播的影响力,切实增强体制机制的活力、引领市场的能力,更好构筑人民精神家园、充盈群众文化生活。要聚焦群众所思所想所盼,紧密结合新的时代条件,积极探索新形势下有效开展思想政治工作的方式方法、载体手段,切实增强宣传群众、教育群众、凝聚群众的能力,创新宣传思想文化工作。

三、宣传思想文化工作的工作对象发生了深刻变化

习近平总书记在 2018 年全国宣传思想工作会议上强调:"宣传思想工作是做人的工作的。"[1] 宣传思想文化阵地是有属性的,这个阵地如果我们不去占领,那么人家就会去占领。宣传思想文化工作要顶天又立地,挺直"腰杆"、补齐"短板"、加固"底板",把工作深入方方面面、覆盖到所有人群。[2] 人作为宣传思想文化工作的对象是不断变化的,不仅在不同年代人们的思想观念、精神需求不同,而且还会随着时代的变迁、社会的进步而产生新的群体。要回应不同群体的关切,满足不同群体的需求,凝聚不同群体的力量,就必然离不开宣传

---

[1] 《习近平在全国宣传思想工作会议上强调 举旗帜聚民心育新人兴文化展形象 更好完成新形势下宣传思想工作使命任务》,《人民日报》2018 年 8 月 23 日。

[2] 虞爱华:《着力增强新形势下宣传思想工作有效性》,《学习时报》2018 年 8 月 24 日。

| 守正创新　新时代宣传思想文化工作能力提升八讲

思想文化工作,更需要创新宣传思想文化工作。

做好新时代宣传思想文化工作要弄清新的工作对象,这是宣传思想文化工作与时俱进的要求。新形势下的宣传思想文化工作对象既包括传统重点人群,还包括新兴社会人群,这就要求我们既要做好公务员、工人、农民、解放军和老年、中青年、未成年人的工作,还要做好蚁族、北漂、海归、海待、散户等新兴社会人群的工作。随着时代的发展,公务员、工人、农民、解放军等老对象,也在不断发生新变化;蚁族、北漂、海归、海待、散户等新对象,有着其不同的新特点。宣传思想文化工作只有从社会变革的实际出发,深入研究新、老对象思想活动的新情况、新特点,积极探索新方法,才能更好地引导和满足人们多方面、多层次的精神文化需求。

做好新时代宣传思想文化工作要弄清新的工作对象,这是更好地服务人民群众的要求。服务人民是一切宣传思想文化工作的出发点和落脚点。这就要求我们要熟悉人民群众,真正把新形势下的对象搞清楚,否则一切从人民群众出发,一切为人民群众着想,千方百计为人民群众办实事、办成事和办好事就无从谈起。只有在坚持分众原则、弄清受众对象的基础上,坚持求真务实,深入一线调查研究,摸实情、听真话、找良方,虚功实做,发扬钉钉子精神,才能把宣传思想文化工作做到各类人群的心坎上。

做好新时代宣传思想文化工作要弄清新的工作对象,这是进一步增强工作针对性的要求。面对新对象,做宣传思想文化工作决不能上下一般粗、千篇一律,一定要学会分层、分众、分对象,充分考虑到当前各阶层、各行业不同人群的不同兴奋点、不同接受能力,针对不同地域、不同行业、不同对象,锁定"目标群体",采取不同的宣传

第五讲　把锐意创新创造作为宣传思想文化工作能力提升的紧要环节

方式和手段，坚持"一把钥匙开一把锁"，做到"到什么山唱什么歌"，否则费了九牛二虎之力，工作也收效甚微，甚至是做"无用功"。

　　与此同时，习近平总书记指出，党的新闻舆论工作要适应分众化、差异化传播趋势。不同的人有不同的信息需求和接受特点，"大水漫灌"满足不了所有人，需要精准"滴灌"、"靶向"供给。一要深入研究不同群体心理心态心情，把握他们所思所需所感，既要掌握大多数人的共同愿望，也要了解少数人的合理需求。坚持时度效，该鼓劲的鼓劲，该引导的引导，该释惑的释惑，该纠偏的纠偏。二要坚持分类施策、分层施教，将"大众"细分为不同"小众"，在"广播"中强化对象化、互动化的"点播"，解决好"对谁说、说什么"的问题。三要坚持因时而变、变中求新，深化文化领域供给侧结构性改革，更好地满足人们多样化多层次多方面的精神文化需求。

　　因此，面对宣传思想文化工作对象发生深刻变化的新情况，要实现工作对象的差异化覆盖，就要更加重视基层、重视新兴群体、重视移动端。要扩大新时代文明实践中心建设面，广泛动员和运用社会力量，打造一支懂理论、懂群众、会宣讲的宣传宣讲队伍，坚持不懈用习近平新时代中国特色社会主义思想占领基层宣传思想文化阵地。要及时将新型群体纳入宣传思想文化工作"大盘子"同步谋划、同步实施，加强服务引导，努力让他们感受党的关怀、认同党的主张、实践党的要求。要把占领新兴媒体作为重中之重，实施移动优先战略，加强各类新平台终端建设，打通报、台、网、微、端，整合主流媒体资源向端上聚集，推动各类宣传力量在端上发声，不断扩大在移动终端的覆盖面和影响力，使互联网这个最大变量变成事业发展的最大增量，让党的创新理论"飞入寻常百姓家"。

第二节 坚持守正创新、锐意进取的基本要求

宣传思想文化战线坚持守正创新、锐意进取的基本要求，就要保持思想的敏锐性和开放度，认识新事物、把握新规律，敢于打破思维定势和路径依赖，使主观认识更加符合客观实际、跟上新时代的节律，不断有所发现、有所创造、有所前进，推动宣传思想文化工作更好体现规律性、增强时代性、富于创造性。

一、宣传思想文化战线坚持守正创新、锐意进取的基本要求，就要把握宣传思想文化工作的规律性

党的十八大以来，习近平总书记就宣传思想文化工作先后召开一系列重要会议、发表一系列重要讲话、作出一系列重要指示，提出一系列新思想新观点新论断。2023年全国宣传思想文化工作会议，用习近平文化思想对这些新思想新观点新论断作了精辟概括。习近平文化思想，是我们党深化宣传思想文化工作规律性认识的重大成果，是

新时代党的宣传思想文化事业发展进步的行动指南。宣传思想文化战线要在认识规律、把握规律、运用规律上强起来,着力避免陷入少知而迷、不知而盲、无知而乱的困境。要深刻领悟"两个确立"的决定性意义,增强"四个意识"、坚定"四个自信"、做到"两个维护",持续加强对习近平文化思想的学习、研究、阐释,并自觉贯彻落实到宣传思想文化工作各方面和全过程。

习近平总书记在2018年全国宣传思想工作会议上强调,在实践中,我们不断深化对宣传思想工作的规律性认识,提出了一系列新思想新观点新论断,这就是:坚持党对意识形态工作的领导权;坚持思想工作"两个巩固"的根本任务;坚持用新时代中国特色社会主义思想武装全党、教育人民;坚持培育和践行社会主义核心价值观;坚持文化自信是更基础、更广泛、更深厚的自信,是更基本、更深沉、更持久的力量;坚持提高新闻舆论传播力、引导力、影响力、公信力;坚持以人民为中心的创作导向;坚持营造风清气正的网络空间;坚持讲好中国故事、传播好中国声音。这"九个坚持",是新时代宣传思想工作的纲领性要求和做好宣传思想工作的根本遵循,必须长期坚持、不断发展。①

把握宣传思想文化工作的规律性,就要充分认识"九个坚持"的时代意义、理论意义和实践意义。首先,"九个坚持"立足中国特色社会主义进入新时代这个我国发展新的历史方位,着眼实现新时代党的历史使命,充分吸纳党的理论创新最新成果,明确提出要坚持用习近平新时代中国特色社会主义思想武装全党、教育人民;明确提

---

① 《习近平在全国宣传思想工作会议上强调 举旗帜聚民心育新人兴文化展形象 更好完成新形势下宣传思想工作使命任务》,《人民日报》2018年8月23日。

出要把坚定"四个自信"作为建设社会主义意识形态的关键，坚持更基础、更广泛、更深厚的文化自信。聚焦信息时代发展规律，明确提出要坚持营造风清气正的网络空间。这些新思想、新观点与新时代、新要求同频共振，具有鲜明的时代气息。其次，"九个坚持"高度凝结了党的十八大以来宣传思想文化工作取得的历史性成就和历史性变革的基本经验，深刻总结了宣传思想文化工作在实践和理论上的规律性成果，体现了党在宣传思想文化工作认识上的又一次飞跃。"九个坚持"是习近平新时代中国特色社会主义思想的重要组成部分，是习近平文化思想的核心内容之一，是我们今后开展宣传思想文化工作必须遵循的"纲"和"魂"。最后，"九个坚持"深刻阐明了做好新时代宣传思想文化工作的目标任务、职责使命和实践要求，深刻回答了事关方向性、根本性、全局性、战略性的重大问题，具有非常强的现实针对性和指导性，为开创宣传思想文化工作新局面提供了基本原则、指明了实践路径，是开展新时代党的宣传思想文化工作必须坚定不移遵守、贯彻、落实、践行的行动指南。[①]

把握宣传思想文化工作的规律性，就要深刻理解"九个坚持"的内容逻辑、实践逻辑和历史逻辑。首先，"九个坚持"是一个由思想引领、精神激励、舆论引导和文化支撑等内容组成的系统完备的有机整体。思想引领体现在坚持党对意识形态工作的领导权，坚持思想工作"两个巩固"，坚持用习近平新时代中国特色社会主义思想武装全党、教育人民方面；精神激励体现在坚持培育和践行社会主义核心价值观，坚持文化自信方面；舆论引导体现在坚持提高新闻舆论传播力、

[①] 周文彰、刘晓佳：《"九个坚持"：推动宣传思想工作不断强起来》，《北京日报》2018年9月4日。

第五讲 把锐意创新创造作为宣传思想文化工作能力提升的紧要环节

引导力、影响力、公信力方面;文化支撑体现在坚持以人民为中心的创作导向,坚持营造风清气正的网络空间,坚持讲好中国故事、传播好中国声音方面。这四个方面的内容深刻回答了新形势下宣传思想文化工作抓什么、如何抓、抓出什么效果等重大问题,这些内容密切联系,相互贯通,缺一不可。其次,"九个坚持"是由"一个统领"、七项国内工作举措和一项对外工作举措组成的结构清晰的有机整体。"一个统领"是坚持党对意识形态工作的领导权,这是"九个坚持"最核心的要素,确保宣传思想文化工作始终沿着正确的道路和方向前进。七项国内工作举措:坚持思想工作"两个巩固"的根本任务,坚持用习近平新时代中国特色社会主义思想武装全党、教育人民,坚持培育和践行社会主义核心价值观,坚持文化自信,坚持提高新闻舆论传播力、引导力、影响力、公信力,坚持以人民为中心的创作导向,坚持营造风清气正的网络空间。一项对外工作举措:坚持讲好中国故事、传播好中国声音,有利于营造对我国友好的国际环境。在"一个统领"下,找准国内宣传工作的着力点,找准国内和对外宣传工作的结合点,逻辑清晰、科学合理。最后,"九个坚持"是总结历史、面向现实、指向未来的有机整体。我们党历来高度重视和善于开展宣传思想文化工作,形成了一套极为宝贵的工作经验。特别是党的十八大以来,我们党把宣传思想文化工作摆在全局工作的重要位置,作出了一系列重大决策,实施了一系列重大举措。"九个坚持"既是对历史经验的全面总结,也是对工作实践的理性升华,同时充分体现了对未来发展的指向性,必将推动宣传思想文化工作不断强起来,促进全体人民在理想信念、价值理念、道德观念上紧紧团结在一起,为服务党和国家事业全局作出更大贡献。

把握宣传思想文化工作的规律性，就要增强贯彻"九个坚持"的政治自觉、思想自觉和行动自觉。首先，要不断提高政治站位，旗帜鲜明讲政治，将贯彻落实"九个坚持"作为对"四个意识"牢固不牢固、"四个自信"坚定不坚定的具体检验，坚决维护习近平总书记党中央的核心、全党的核心地位，坚决维护党中央权威和集中统一领导，始终同以习近平同志为核心的党中央保持高度一致。其次，要认真学习、深入领会"九个坚持"的丰富内涵、内在逻辑和精神实质，将学习全国宣传思想文化工作会议精神与学习习近平新时代中国特色社会主义思想紧密结合起来，进一步统一思想，提高认识，学思践悟，融会贯通，将学习成果转化为谋划新时代宣传思想文化工作的清晰思路，转化为推动新时代宣传思想文化工作发展的实际成效。最后，要牢牢把握"九个坚持"的实践要求，自觉肩负起新形势下宣传思想文化工作承担的举旗帜、聚民心、育新人、兴文化、展形象的使命任务，全面增强狠抓落实本领，锐意改革创新，勇于担当作为，以踏石留印、抓铁有痕的钉钉子精神确保"九个坚持"真正落到实处，努力推进宣传思想文化工作再上新台阶，为党和国家事业发展提供坚强思想保证和强大精神力量。

总之，"九个坚持"阐明了党的宣传思想文化工作的地位作用、目标任务、职责使命、实践要求，回答了宣传思想文化工作方向性、全局性、战略性的重大问题。推进新时代宣传思想文化工作不断强起来，必须以"九个坚持"为根本遵循，努力实现理论创新和实践创新良性互动，不断以思想认识新飞跃打开工作新局面。

二、宣传思想文化战线坚持守正创新、锐意进取的基本要求，就要增强宣传思想文化工作的时代性

中国特色社会主义进入新时代，对党的宣传思想文化工作提出了新任务。做好党的宣传思想文化工作，完成新形势下宣传思想文化工作的使命任务，必须牢牢把握统一思想、凝聚力量这个中心环节。宣传思想文化工作要自觉承担起"举旗帜、聚民心、育新人、兴文化、展形象"的使命任务。这既对新形势下广大宣传思想文化工作者提出了新期待和新要求，也为新时代宣传思想文化工作指明了方向。

马克思主义是我党的指导思想，是我国的主导、主流意识形态，其真理性得到了长期历史经验的证明。近代以来，在中华民族面对外来入侵和亡国灭种的危机时，是中国共产党带领全国各族人民抵御了外来侵略，最终完成了新民主主义革命，推翻了压在人民头上的"三座大山"，建立了中华人民共和国；面对新中国"一穷二白"、满目疮痍的艰苦条件，是中国共产党带领人民完成了"三大改造"，建立起社会主义生产关系，初步探索了社会主义道路；面对经济全球化新趋势，是中国共产党带领全国人民走改革开放的道路，一步步从"站起来"到"富起来"再到"强起来"。所有这些成就的取得都离不开中国共产党的领导，离不开马克思主义的指导。在新形势下，宣传思想文化工作要完成好"举旗帜"的历史使命，一是要继续高举马克思主义、中国特色社会主义的旗帜，在全面深化改革和扩大开放的基础上，推进马克思主义理论创新与实践创新，不断提高马克思主义理论对现实的解释力、对实践的指导力和对谬误的批判力；二是要坚持不懈用

习近平新时代中国特色社会主义思想武装全党,提高广大党员特别是领导干部的马克思主义理论水平,坚定理想信念,在复杂多变的国际形势中保持战略定力;三是要加强用马克思主义教育人民、推动工作,在学懂弄通做实上下功夫,推动当代中国的马克思主义、21世纪马克思主义深入人心、落地生根。①

民心是最大的政治。"老百姓是地,老百姓是天,老百姓是共产党永远的挂念。"中国共产党之所以能够从一个只有几十人的组织发展成为拥有一亿多名党员的大党,能够在中国革命、建设和改革的各个阶段取得一个又一个的胜利,最大的法宝就在于有人民的支持。在新形势下,宣传思想文化工作把"聚民心"作为重要的使命任务之一,包括两个向度:一是始终坚持全心全意为人民服务的宗旨,坚持为民办事,"百姓的需要就是我们的行动目标";二是教育广大民众,不断凝聚共识、增强信心、鼓舞干劲。聚民心,就是要牢牢把握正确舆论导向,唱响主旋律,壮大正能量,做大做强主流思想舆论,把全党全国人民士气鼓舞起来、精神振奋起来,朝着党中央确定的宏伟目标团结一心向前进。为此,一要建设具有强大凝聚力和引领力的社会主义意识形态,把握正确舆论导向,提高新闻舆论传播力、引导力、影响力、公信力,巩固壮大主流思想舆论,要旗帜鲜明,坚持真理,立场坚定,批驳谬误。二要坚持走群众路线,把群众放在心上,把焦点对准基层,深深扎根于人民群众之中,多说人民群众乐意听、听得懂、管用的"实话",少说人民群众不爱听、听不进的"官话",赢得更多民心民意,汇集更多民智民力。三要做好做强马克思主义宣传教育工

---

① 李辽宁、邓山河:《自觉担当宣传思想工作的使命任务》,《海南日报》2018年9月5日。

作，加强传播手段和话语方式创新，让党的创新理论"飞入寻常百姓家"，真正做到强信心、聚民心、暖人心、筑同心，在全社会形成强大思想合力和精神动力，共筑中华民族伟大复兴的中国梦。

　　青年兴则国家兴，青年强则国家强。培养符合社会发展的时代新人，对任何一个国家来说都具有举足轻重的地位。2018年全国宣传思想工作会议将"育新人"作为新形势下宣传思想工作的使命任务之一，强调宣传思想工作是做人的工作的，要把培养担当民族复兴大任的时代新人作为重要职责。要做到这一点，重中之重是要以坚定的理想信念筑牢时代新人的精神之基，坚定其对马克思主义的信仰，对社会主义和共产主义的信念，以及对中国特色社会主义道路、理论、制度、文化的自信。育新人，就是要坚持立德树人、以文化人，建设社会主义精神文明、培育和践行社会主义核心价值观，提高人民思想觉悟、道德水准、文明素养，培养能够担当民族复兴大任的时代新人。为此，一要强化教育引导、实践养成、制度保障，把社会主义核心价值观融入社会发展各方面，引导全体人民自觉践行。二要关心青少年成长，抓住青少年价值观形成和确定的关键时期，引导青少年扣好人生第一粒扣子。三要广泛开展先进模范学习宣传活动，营造崇尚英雄、学习英雄、捍卫英雄、关爱英雄的浓厚氛围，同时在此过程中，宣传思想文化工作者也要加强自身的理想信念教育，坚定对马克思主义、社会主义、共产主义的信仰，践行先锋模范作用。四要营造良好的社会风气，要下大力气营造风清气正、积极向上的社会环境，让广大青少年在健康向上的良好氛围中茁壮成长。

　　文化是一个民族兴旺发达的底蕴根基，文化兴则国家兴，文化强则国家强。"文化自信是更基本、更深沉、更持久的力量。"文化作为一种软实力，在当今世界各国实力的综合竞争中发挥着越来越重要的作用。面对西方国家愈演愈烈的文化渗透，只有坚持中国特色社会主义文化发展道路，在兼收并蓄中兴盛中华优秀传统文化，才能在纷繁激烈的国际竞争中不迷失自己，进而走出一条符合中国特色的文化发展道路。兴文化，就是要坚持中国特色社会主义文化发展道路，推动中华优秀传统文化创造性转化、创新性发展，继承革命文化，发展社会主义先进文化，激发全民族文化创新创造活力，建设社会主义文化强国。为此，一要高度关注和系统总结我国改革开放成功背后的制度因素、文化因素和价值观因素，只有把这些因素在改革开放过程中的地位和作用讲清楚了，"四个自信"才能真正树立起来。二要坚持社会主义先进文化前进方向，坚持把文化的社会效益放在首位，高举精神之旗、树立精神支柱、共建精神家园。三要树立正确的历史观、民族观、国家观、文化观，自觉遵守国家法律法规，加强道德品质修养，坚决抵制低俗庸俗媚俗，用积极健康的文化陶冶情操、启迪心智、引领风尚。四要发挥主流思想文化的社会引领作用，培育和践行社会主义核心价值观，提高人们的思想觉悟、道德水准、文明素养。五要科学认识网络传播规律，提高用网治网水平，加大力度发展网络文化，净化网络空间环境，创作更多积极向上的网络文化作品，引导整个社会形成积极向上的网络价值观念，使互联网这个最大变量变成事业发展的最大增量。

　　国家形象是国家软实力的重要组成部分，对国际关系具有重大意义。随着中国综合国力和国际影响力的不断提升，西方国家的焦虑与日俱增，纷纷炮制"中国威胁论""中国崩溃论"等来贬损中国形象，企图遏制中国崛起。面对这种情况，宣传思想文化工作的重要使命任务之一就是要讲好中国故事，树立良好国际形象。展形象，就是要推进国际传播能力建设，讲好中国故事、传播好中国声音，向世界展现真实、立体、全面的中国，提高国家文化软实力和中华文化影响力。为此，一要自信、主动地宣介习近平新时代中国特色社会主义思想，向国际社会讲述中国故事，讲好中国共产党治国理政的故事、中国人民奋斗圆梦的故事和中国坚持和平发展合作共赢的故事。二要大力弘扬中华优秀传统文化，凝练中华优秀传统文化的精神标识，展示具有当代价值和世界意义的文化精髓。三要把握大势，拓展平台，区分对象，精准施策，充分利用"一带一路"建设，不断完善国际传播工作格局，大力传播"构建人类命运共同体"理念，树立中国有担当、负责任的大国形象，同时在此过程中，还要创新宣传理念，创新运行机制，汇聚更多资源力量，提升中国价值观国际传播的整体合力。

三、宣传思想文化战线坚持守正创新、锐意进取的基本要求，就要保持宣传思想文化工作的开放性

面对新形势新使命新要求，宣传思想文化战线必须自觉承担起举旗帜、聚民心、育新人、兴文化、展形象的使命任务。其中的展形象，就是要推进国际传播能力建设，讲好中国故事、传播好中国声音，向世界展现真实、立体、全面的中国，提高国家文化软实力和中华文化影响力，为中国的进步发展在国际上中赢得主动、赢得优势、赢得未来。做到这一点，就必须保持宣传思想文化工作的开放性。

宣传思想文化战线要胸怀大局、把握大势、着眼大事，找准工作切入点和着力点。只有胸怀大局，才能开阔眼界，因势而谋、应势而

| 守正创新　新时代宣传思想文化工作能力提升八讲

动、顺势而为。当前,宣传思想文化工作面临着国内和国际两个大局的重要考验。在这个条件下,做好宣传思想文化工作,使其更好地服务于党和国家中心工作,坚持宣传思想文化工作内外联动、保持宣传思想文化工作的开放性就显得十分必要,这既是新形势下宣传思想文化工作的重要任务,也是宣传思想文化战线坚持守正创新、锐意进取的基本要求。

首先,宣传思想文化工作的内外大局形势发生了深刻变化。虽然当今世界局势保持总体平稳,和平与发展仍然是当今时代的主题,不过世界各国综合国力竞争激烈、不同制度模式和发展道路角逐博弈的局势也是客观存在的现象。这就使得我国与外部世界的利益摩擦、舆论交锋更加突出,周边安全环境严峻。同时,我国社会发展进入关键时期,经济转轨,社会转型,利益格局纵横交错,社会节奏加快、竞争加剧,经济社会发展的阶段性特征深刻影响了社会思想情绪的变化。因此,宣传思想文化工作面对的内外大局形势与历史上任何一个时代都有所不同,宣传思想文化工作既要面对国内繁重的改革发展任务,也要面对国际云谲波诡、瞬息万变的形势。思想问题、舆论斗争和文化竞争,不仅在国内显现,也延伸到各种国际场合、国际关系之中。国内国际两个大局互为因果、内政外交相互依存,宣传思想文化工作不免需要在国内国际"两线作战"。①

其次,宣传思想文化工作的内外力量对比发生了新的变化。随着改革开放的进一步深化,社会生活中思想多元、文化多样和观念嬗变的特征更加突出。各种社会思潮利用多途径宣传教育手段影响民众,

---

① 张丽:《宣传思想工作需增强统筹两个大局的能力》,《思想政治工作研究》2014年第2期。

第五讲 把锐意创新创造作为宣传思想文化工作能力提升的紧要环节

一些带有复杂背景的舆论力量日渐活跃，由背后推手支持和包装，借助图书、报刊、网络等渠道进行传播，抢占舆论阵地，争夺更多的人群。面对各种思想文化相互交织、相互激荡的状况，传统的宣传思想文化工作内容方式出现很多不适应之处，针对性、实效性亟待提高，探索引领多元化社会思潮的有效途径成为必要。同时，尽管我们的宣传思想文化工作有长期丰富的国内经验，但在国际传播上却面临着十分强大的竞争和挑战，甚至处于弱势。如何提高我国思想文化的国际竞争力，做好国际传播和国际表达，是宣传思想文化工作的新课题和难点。

最后，宣传思想文化工作的内外传播途径发生了深刻变革。现代传播技术的迅猛发展，深刻改变了经济结构、社会关系，也改变了人与世界的联系方式，人们在电脑前、手机上便可方便快捷地观察世界、了解资讯、参与社会活动。"世界是平的"，在信息技术的整合和联通之下，地理的界线被打开，国家的壁垒被打破，传播的渠道被打通，文化的鸿沟被填充，人们思想和信息的联系更加紧密。互联网的裂变式发展对宣传思想文化工作产生了全方位影响，传播在一个更加开放、多元、互动的视野中展开，以往单向的方式被打破，互联网成为宣传思想文化工作的新领域和重中之重。我们要正视这个事实，深刻认识人类社会的深刻变革，把宣传思想文化工作放在国内、国际整体的工作平台布局和实施上，有效地进行改革创新，才能更好地适应时代发展的新趋势、新特点。

因此，保持宣传思想文化工作的开放性，就要在展形象中不断提升中华文化影响力，主动讲好中国共产党治国理政的故事、中国人民奋斗圆梦的故事、中国坚持和平发展合作共赢的故事，让世界更好地了解中国。党的十八大以来,在党中央坚强领导下,宣传思想文化战线积极作为、开拓进取,社会主义核心价值观和中华优秀传统文化广泛弘扬,主流思想舆论不断巩固壮大,文化自信得到彰显,国家文化软实力和中华文化影响力大幅提升。强起来的中国,需要展示自己;变革中的世界,需要了解中国。今天,"中国正在发生什么、发展的中国将给世界带来什么"越来越成为国际社会广泛关注的话题,中国有责任也有条件面向世界宣传自己的主张、弘扬自己的价值,以获得更多的理解与支持。

保持宣传思想文化工作的开放性,就要在展形象中把中华优秀传统文化的精神标识提炼出来、展示出来,把中华优秀传统文化中具有当代价值、世界意义的文化精髓提炼出来、展示出来。中华优秀传统文化是我们最深厚的文化软实力,也是中国特色社会主义植根的文化沃土。我们要坚持"两个结合",坚定文化自信,自觉担负起新时代的文化使命,更加有效地传播中国理念,促进文明交流互鉴。近年来,纪录片《舌尖上的中国》吸引了大批海外"粉丝";感知中国、中国文化年(节)、欢乐春节、四海同春等对外文化交流品牌日益成熟……中华优秀传统文化成为世界认识中国的窗口,彰显时代创新、体现人类共同价值追求的当代中国故事也引来八方喝彩。

保持宣传思想文化工作的开放性,就要在展形象中完善国际传播工作格局,创新宣传理念、创新运行机制,汇聚更多资源力量。讲好中国故事,既是责任担当,也要遵循规律、改革创新。要积极创新宣传理念、话语体系、运行机制,拓展传播渠道、方式方法,提高专业化精准化水平,完善国际传播工作格局,汇聚更多资源力量,把"我们想讲的"变成"受众想听的",把"受众想听的"融进"我们想讲的",让外宣工作更具创造力、感召力、影响力。中国特色社会主义进入新时代,国际社会对中国发展的关注、认同与日俱增,但"中国威胁论""中国崩溃论"等噪音杂音依然存在,唯有把握大势、区分对象、精准施策,主动宣介习近平新时代中国特色社会主义思想,才能让世界更好地了解中国。

第三节　不断增强宣传思想文化工作的原则性、系统性、预见性、创造性

问题是时代的声音、创新的起点。宣传思想文化工作向来是在不断发现问题、解决问题中创新发展的。现在，我们还面临不少补短板、强弱项的任务，问题是工作实践提出的重要课题，也是实现创新创造的突破口。要强化问题意识、坚持问题导向，树立攻坚克难的勇气担当，把握问题的实质和成因，探寻解决问题的思路办法，提出新战略新举措，完善新制度新机制，在破解难题、补齐短板中实现新作为、取得新成效，不断增强工作的原则性、系统性、预见性、创造性。

一、不断增强宣传思想文化工作的原则性，必须坚持"两个巩固"根本任务、坚持党对意识形态工作的领导权

当前，面临"两个大局"的挑战，宣传思想文化工作的环境、对象、范围、方式发生了很大变化，但宣传思想文化工作的根本任务没

第五讲　把锐意创新创造作为宣传思想文化工作能力提升的紧要环节

有变，也不能变。宣传思想文化工作就是要巩固马克思主义在意识形态领域的指导地位，巩固全党全国人民团结奋斗的共同思想基础。这是我们党从坚持和发展中国特色社会主义的战略全局出发，对宣传思想文化工作根本任务最集中、最鲜明的概括，标志着党对社会主义意识形态建设规律的认识达到了新高度、开辟了新境界。"两个巩固"的根本任务，为我们在新的历史起点上开创宣传思想文化工作新局面，确定了原则、指明了方向、提供了遵循。①

首先，把握好"两个巩固"的根本任务，就要充分认识意识形态工作的极端重要性，一刻也不能放松和削弱。习近平总书记对意识形态工作的重要地位和作用作出了深刻阐述，强调意识形态工作是党的一项极端重要的工作；强调能否做好意识形态工作，事关党的前途命运，事关国家长治久安，事关民族凝聚力和向心力；强调在集中精力进行经济建设的同时，一刻也不能放松和削弱意识形态工作。这些重要论断，指明了意识形态工作引领社会、凝聚人心、推动发展的强大支撑作用，道出了意识形态工作的根本性、战略性、全局性意义。做好新形势下宣传思想文化工作，我们一定要深入学习领会习近平总书记提出的"两个巩固"根本任务，充分认识意识形态工作的极端重要性，切实增强做好工作的自觉性主动性，坚持"两手抓，两手都要硬"，始终把实现"两个巩固"作为宣传思想文化工作的立足点、聚焦点、着力点，作为谋划、推进和检验工作的根本指针、根本目标、根本标准，体现到工作各方面、贯穿到全过程，更好地为全面建设社会主义现代化国家、全面推进中华民族伟大复兴提供坚强思想保证、强大精

---

① 雒树刚：《牢牢把握"两个巩固"根本任务 扎实推进宣传思想工作》，《人民日报》2013年9月9日。

神力量、有利文化条件。

其次，把握好"两个巩固"的根本任务，就要着眼坚定理想信念，深入开展中国特色社会主义和中国梦宣传教育。理想信念是一个政党、一个国家、一个民族的精神支柱、精神之"钙"。实现"两个巩固"，关键是坚定广大领导干部的马克思主义、共产主义信仰，坚定全党全国各族人民的中国特色社会主义信念。崇高信仰、坚定信念不会自发产生，必须坚持不懈地用科学理论武装头脑，不断培植我们的精神家园，增强中国特色社会主义道路自信、理论自信、制度自信、文化自信，坚持不懈地用马克思主义中国化时代化最新成果武装全党、教育人民、指导实践。深入宣传中国梦的基本内涵、思想底蕴和实践要求，阐释实现中国梦必须走中国道路、弘扬中国精神、凝聚中国力量，讲清楚国家梦、民族梦与个人梦的关系，讲清楚远大目标与立足当前的关系，引导人们为实现中国梦而奋斗。要把坚定理想信念贯穿到社会主义核心价值体系建设之中。积极培育和践行社会主义核心价值观，使之成为全党全国各族人民的共同价值追求。

再次，把握好"两个巩固"的根本任务，就要做到党性和人民性的统一，始终坚持宣传思想文化工作的正确方向。习近平总书记指出，党性和人民性从来都是一致的、统一的。[①] 我们要深入学习领会这个重要论断，站在全党的立场上、站在全体人民的立场上，坚定宣传党的理论和路线方针政策，坚定宣传中央重大工作部署，坚定宣传中央关于形势的重大分析判断，坚决同党中央保持高度一致，坚决维护党中央权威。我们党是全心全意为人民服务的马克思主义

---

① 习近平：《论党的宣传思想工作》，中央文献出版社2020年版，第15页。

政党。从本质上说，坚持党性就是坚持人民性，坚持人民性也就是坚持党性，党性寓于人民性之中，没有脱离人民性的党性，也没有脱离党性的人民性。坚持党性的核心就是要坚持正确政治方向，坚持以马克思主义为指导，站稳政治立场，坚决同以习近平同志为核心的党中央保持高度一致，坚决维护习近平总书记党中央的核心、全党的核心地位，坚决维护党中央权威和集中统一领导。坚持人民性，就是要牢固树立人民群众是历史创造者的观点，把全心全意为人民服务作为全部活动的依据和根本标准，把实现好、维护好、发展好最广大人民根本利益作为出发点和落脚点，牢固树立以人民为中心的工作导向，坚持以民为本、以人为本，相信群众、依靠群众、虚心向群众学习，切实解决好"为了谁、依靠谁、我是谁"的根本问题。

从次，把握好"两个巩固"的根本任务，就要始终坚持党管媒体原则，唱响主旋律、传播正能量。新形势下实现"两个巩固"，要求我们必须把坚持正确导向摆在首位，始终绷紧导向这根弦，讲导向不含糊、抓导向不放松，任何时候都不动摇。要坚持党管媒体，坚持政治家办报、办刊、办台、办新闻网站，各级各类传播渠道都要坚持党的领导。牢记守土有责、守土负责、守土尽责，加大管理力度、提高管理水平，确保所属宣传思想文化阵地坚持正确导向。充分认识互联网的媒体属性、意识形态属性，认真贯彻"积极利用、科学发展、依法管理、确保安全"的方针，加快推进传统媒体与新兴媒体融合发展，积极抢占现代传播的制高点。在加强网络文化建设、打造健康向上的网络文化、用先进文化占领网络阵地的同时，依法加强网络社会管理，加强网上舆论引导，规范网络传播秩序，加大对网络谣言等有害信息整治力度，使网络空间清朗起来。

最后，把握好"两个巩固"的根本任务，就要以改革创新为动力之源，不断增强宣传思想文化工作的生机活力。随着国内外形势的深刻变化和现代传播科技的迅猛发展，我们面临的新挑战、新考验前所未有，有些做法过去有效，现在未必有效；有些过去不合时宜，现在却势在必行；有些过去不可逾越，现在则需要突破。做好宣传思想文化工作，比以往任何时候都更加需要创新。新形势下，我们要重点抓好理念创新、手段创新和基层工作创新。思想观念具有先导作用，决定着宣传思想文化工作的谋篇布局和有效推进。我们要把解放思想、转变观念作为改革创新的总开关，自觉把思想观念从不适应时代要求、不利于科学发展的桎梏中解放出来。方法手段创新是提升工作水平的重要保证，要积极适应社会主义市场经济的深入发展，适应信息技术的迅猛发展，综合运用经济、行政、法律、技术等多种手段，借鉴其他领域有益经验，破解难题、做好工作。宣传思想文化工作的服务对象在基层，工作主体在基层，任务落实在基层，我们要把创新的重心放在基层一线，更加重视抓基层、打基础，充实队伍力量，改善工作条件，解决实际问题，使基层宣传思想文化工作薄弱的状况不断有所改观。深化文化体制改革是推动文化繁荣发展的根本动力，文化体制改革要始终坚持社会主义先进文化前进方向，始终把社会效益放在首位。

二、不断增强宣传思想文化工作的系统性，必须坚持以人民为中心、满足人民群众对更好精神文化生活的需求

党的十九大报告指出，坚持中国特色社会主义文化发展道路，推

动中华优秀传统文化创造性转化、创新性发展，继承革命文化，发展社会主义先进文化，激发全民族文化创新创造活力，建设社会主义文化强国。党的二十大报告提出，推进文化自信自强，铸就社会主义文化新辉煌，强调全面建设社会主义现代化国家，必须坚持中国特色社会主义文化发展道路，增强文化自信，围绕举旗帜、聚民心、育新人、兴文化、展形象建设社会主义文化强国，发展面向现代化、面向世界、面向未来的，民族的科学的大众的社会主义文化，激发全民族文化创新创造活力，增强实现中华民族伟大复兴的精神力量。[①]

首先，更好满足人民精神文化生活新期待，要把提高质量作为文艺作品的生命线。中国特色社会主义进入新时代，我国文化供给的主要矛盾已经不是缺不缺、够不够的问题，而是好不好、精不精的问题。这些年，我国文艺创作生产能力大幅提升，但是有影响力、人们普遍认可的好作品还是不够，满足基层、农村的文艺产品供给依然不足。与此同时，人民群众的眼界在拓宽、品位在提升，对思想精深、艺术精湛、制作精良的文艺作品提出了更高要求。创造更多同新时代相匹配的文化精品，实现从"高原"到"高峰"的迈进，就要引导广大文化文艺工作者深入生活、扎根人民，用心用情用功抒写伟大时代，不断推出讴歌党、讴歌祖国、讴歌人民、讴歌英雄的精品力作，书写中华民族新史诗。

其次，更好满足人民精神文化生活新期待，要坚持把社会效益放在首位。创作人民喜爱的文艺精品，必须端正创作思想。现在，文艺创作中的不良思潮还有一定市场，有的否定党史国史军史，刻意解构

[①] 习近平：《高举中国特色社会主义伟大旗帜 为全面建设社会主义现代化国家而团结奋斗——在中国共产党第二十次全国代表大会上的报告》，《人民日报》2022年10月26日。

经典、抹黑英雄；有的把严肃题材娱乐化，制造噱头、博取哄笑；有的信奉唯票房、唯收视率、唯点击率，导致一些粗制滥造的文化垃圾招摇过市……抵制这些虚无历史、泛娱乐化、泛物质化的错误思潮，就要引导文艺工作者树立正确的历史观、民族观、国家观、文化观，自觉讲品位、讲格调、讲责任，自觉遵守国家法律法规，加强道德品质修养，坚决抵制低俗庸俗媚俗，用健康向上的文艺作品和做人处事陶冶情操、启迪心智、引领风尚，为历史存正气，为世人弘美德，为自身留清名。

最后，更好满足人民精神文化生活新期待，还要推动文化事业全面繁荣和文化产业快速发展。改革是文艺繁荣、文化发展的动力所在。党的二十届三中全会提出，要深化文化体制机制改革，激发全民族文化创新创造活力。坚定不移将文化体制机制改革引向深入，完善文化管理体制，创新生产经营机制，不断激发文化创新创造活力，才能解决文化发展的不充分不平衡问题。在文化事业方面，要推动公共文化服务标准化、均等化，坚持政府主导、社会参与、重心下移、共建共享，完善公共文化服务体系，提高基本公共文化服务的覆盖面和适用性。在文化产业方面，要牢牢把握高质量发展这个根本要求，健全现代文化产业体系和市场体系，推动各类文化市场主体发展壮大，培育新型文化业态和文化消费模式，以高质量文化供给增强人们的文化获得感、幸福感。

三、不断增强宣传思想文化工作的预见性，必须坚持问题意识、强化问题导向

中国共产党人干革命、搞建设、抓改革，从来都是为了解决中国的现实问题。问题是时代的声音、工作的指向。问题是工作实践提出的重要课题，也是实现创新创造的突破口。宣传思想文化工作坚持问题意识、强化问题导向，就是要始终保持清醒头脑，勇于正视问题、找准问题、解决问题，确定工作重点，不断增强工作的主动性、针对性和创造性；就是要始终树立勇气担当，把握问题的实质和成因，探寻解决问题的思路办法，提出新战略新举措，完善新制度新机制，在破解难题、补齐短板中实现新作为、取得新成效。

首先，要善于精准查摆问题。宣传思想文化工作的问题错综复杂，关键在于精准发现问题。要提高政治站位，从统筹国内国际两个大局、整合对内对外和线上线下资源手段等方面，精准查摆宣传思想文化工作面临的新课题新挑战，例如维护意识形态安全和文化安全的问题，推进国际传播能力建设、讲好中国故事、提高国家文化软实力的问题。要树立发展眼光，从新趋势新变化中精准查摆宣传思想文化领域的新问题，例如适应互联网发展新趋势依法管网、技术管网的问题，适应媒体格局新变化推动媒体融合发展的问题。要强化改革意识，从总结经验教训中精准查摆影响宣传思想文化工作守正创新的问题，例如推动宣传思想文化工作理念创新、手段创新、基层工作创新的问题，高校企业农村强化思想政治工作的问题。要坚持群众观点，从群众新要求新期盼中精准查摆宣传思想文化工作的紧要问题，例如解决新闻宣

传"与群众感受有温差"的问题，理论学习形式化、宣讲一般化、解读表层化、研究程式化的问题，文化供给质量不够高、服务不够好、产品不够精、活力不够强、动力不够足的问题。这些问题就是抓落实的突破口，必须科学研判、精准列出。①

其次，要深入分析研究问题。分析研究问题，就是要研机析理、找出对策，从繁杂问题中把握规律性，从苗头问题中发现倾向性，从偶然问题中揭示必然性。要深刻理解和把握习近平文化思想，抓好战略性、全局性、引领性问题的对策研究，研究思考如何在新时代担负起举旗帜、聚民心、育新人、兴文化、展形象的使命任务，如何在基础性战略性、关键处要害处、质量上水平上下功夫，如何立足实际、因地制宜、突出实效，推动党的宣传思想文化工作新思想新观点新论断在实践中落细落小落实。要深刻理解和把握党的二十大对宣传思想文化工作提出的新部署新要求，抓好基础性、经常性、长期性问题的对策研究，研究思考如何加强党的全面领导、建设具有强大凝聚力和引领力的社会主义意识形态，如何强化社会主义核心价值观引领和融入，如何推动中华优秀传统文化创造性转化、创新性发展，如何繁荣发展社会主义文艺，如何推动文化事业和文化产业发展，等等。要深刻把握我国社会主要矛盾转化的新特点，抓好宣传思想文化领域发展不平衡不充分问题的对策研究，研究思考如何强化基层、打好基础、推动宣传思想文化工作从上到下全面强起来，如何深化宣传思想文化领域供给侧结构性改革、更好满足人民群众对美好精神文化生活的需求。要强化调查研究，深入开展大调研活动，从实践中寻找对策办法，

---

① 肖莺子：《以鲜明的问题导向抓落实》，《求是》2018年第23期。

从基层中获得思想启迪，从群众中汲取丰厚营养。

最后，要坚决盯住解决问题。解决问题就是最好的落实，就是最好的发展。党的十八大以来，宣传思想文化工作之所以取得历史性成就、发生历史性变革，意识形态领域一度被动局面之所以得到根本扭转，根本在于以习近平同志为核心的党中央直面宣传思想文化工作中的一系列突出矛盾和问题，推进一系列开拓性、创造性工作，解决了许多长期想解决而没有解决的难题。解决问题，首先要拿出逢山开路、遇河架桥的勇气，牢固树立解决问题就是抓落实的理念，碰到难题和矛盾敢于触及、主动解决，想方设法把问题解决在萌芽状态，解决在职责范围之内。要强化敢于亮剑、敢于斗争的政治担当，自觉在宣传思想文化工作前沿阵地、意识形态斗争风口浪尖，以战斗的姿态肩负起建好阵地、守好阵地、管好阵地的职责使命。要发扬钉钉子精神，咬定青山不放松，盯住问题努力去解决，倾力建立健全长效体制机制，坚决防止一些顽固性和反复性问题回潮。要提升解决复杂和突发问题的能力，下好先手棋，打好主动仗，以解决问题的实际成效推动宣传思想文化工作落实。

四、不断增强宣传思想文化工作的创造性，必须坚持媒体深度融合、抓住科技创新这个关键

党的十八大以来，习近平总书记多次深入考察调研、主持召开重要会议，就推动媒体融合发展、做大做强主流舆论有过多次重要论述。从 2013 年在全国宣传思想工作会议上的讲话，2016 年在党的新闻舆论工作座谈会上的讲话、在网络安全和信息化工作座谈会上的讲话，

到 2018 年在全国宣传思想工作会议上的讲话，习近平总书记都不同程度地涉及了这一方面的内容。

2019 年 1 月 25 日，中央政治局就全媒体时代和媒体融合发展举行第十二次集体学习，这次集体学习的特别之处就是把"课堂"设在了媒体融合发展的第一线。习近平总书记在主持学习时强调："推动媒体融合发展、建设全媒体成为我们面临的一项紧迫课题。要运用信息革命成果，推动媒体融合发展，做大做强主流舆论，巩固全党全国人民团结奋斗的共同思想基础，为实现'两个一百年'奋斗目标、实现中华民族伟大复兴的中国梦提供强大精神力量和舆论支持。"[①] 习近平总书记就深刻认识全媒体时代的挑战和机遇、全面把握媒体融合发展的趋势和规律、推动媒体融合向纵深发展等作出了深入的阐述、提出了明确的要求。

首先，从维护国家政治安全、文化安全、意识形态安全的高度，进一步增强融合发展的自觉性和紧迫感。宣传思想文化工作是一项极端重要的工作，是治国理政、定国安邦的大事，承担着举旗帜、聚民心、育新人、兴文化、展形象的使命任务。媒体是宣传思想文化工作的工具和载体，有效运用媒体是做好宣传思想文化工作的必然要求。信息革命正在媒体领域催发一场重要的变革。互联网技术的发展，推动我们进入了以全程、全息、全员、全效为特征的全媒体时代。信息无处不在、无所不及、无人不用，媒体的界限越来越模糊，媒体覆盖之全、受众之广、传播之快前所未有。舆论生态、媒体格局、传播方式的深刻变化，对宣传思想文化工作提出了新的挑战。一是宣传思想

---

① 习近平：《加快推动媒体融合发展 构建全媒体传播格局》，《求是》2019 年第 6 期。

第五讲　把锐意创新创造作为宣传思想文化工作能力提升的紧要环节

文化工作的对象越来越多地集中在互联网上。据统计，截至 2024 年 12 月，我国网民规模达 11.08 亿人，互联网普及率达 78.6%。网民数量之多、上网时间之长都是其他国家不可比拟的。宣传思想文化工作是做人的工作。人在哪里，受众就在哪里，宣传思想文化工作的着力点和落脚点就要放在哪里。与以互联网为依托的新兴媒体相比，传统主流媒体决不能游离于广大网民之外，否则即使喊破嗓子，也只能得到空谷的回音。必须通过融合走到受众之中，统一思想，凝聚力量。二是宣传思想文化工作的主阵地转移到了互联网上。网络信息量大、传播速度快，具有高度的开放性、透明性、互动性和便捷性等特点，互联网已经成为亿万网民获得信息、交流思想的新天地，成为各种社会思潮和利益诉求的集散地，成为意识形态较量的主战场。很多人特别是年轻人，大部分信息都从网上获取。网络空间主流是好的，但也有一些杂音噪音。境内外敌对势力和一些别有用心的人，往往通过网络把茶杯里的水搅成舆论漩涡，煽动不满情绪，破坏社会稳定，危害国家安全。习近平总书记强调："在新的历史条件下，互联网已经成为舆论斗争的主战场。在这个战场上，我们能否顶得住、打得赢，直接关系我国意识形态安全和政权安全。""过不了互联网这一关，就过不了长期执政这一关。"[1]主流媒体是建设社会主义意识形态的主力军，只有把主力军武装起来走上主战场，才能打赢这场没有硝烟的战争。[2]

其次，从建设具有强大影响力竞争力的新型主流媒体的角度，进一步增强融合发展的责任感和使命感。建设具有强大凝聚力和引领力

---

[1]　习近平：《加快推动媒体融合发展　构建全媒体传播格局》，《求是》2019 年第 6 期。
[2]　张丽波：《媒体融合的"势"与"能"》，《红旗文稿》2019 年第 6 期。

的社会主义意识形态，主流媒体责无旁贷。融合发展的目标是使主流媒体具有强大传播力、引导力、影响力、公信力，形成网上网下同心圆，使全体人民在理想信念、价值理念、道德观念上紧紧团结在一起，让正能量更强劲、主旋律更高昂。传统主流媒体拥有丰富的权威的公信力强的信息资源，并拥有一支可以信赖的高素质的队伍，这是传统主流媒体得天独厚的条件，在融合发展中，传统主流媒体要坚持一体化发展方向，紧跟时代，大胆运用新技术、新机制、新模式，强力完成由"传统"向"新型"的蜕变，但又不能失去自我，把自己融化于信息的海洋中，而要发挥自身优势，坚持内容为王，旗帜鲜明坚持正确的政治方向、舆论导向、价值取向，及时提供更多真实客观、观点鲜明、有思想有见地的优质内容，牢牢掌握舆论场的主动权和主导权，不断扩大主流价值影响力版图，让党的声音传得更开、传得更广、传得更深入。

最后，从推动传统媒体和新兴媒体融合发展行稳致远的角度，进一步增强融合发展的危机感和方向感。2014年中央全面深化改革领导小组会议审议通过了《关于推动传统媒体和新兴媒体融合发展的指导意见》，可以说这是推动我国媒体融合的顶层设计。之后，全国各地尤其是中央主要媒体，进行了积极探索，媒体融合从相加到相融，向着融为一体、合而为一大步迈进。但从整体而言，我们离深度融合的要求还有不小的差距。有的媒体为了"融合"而融合，形式上轰轰烈烈，实质上无大效果；有的盲目照搬模仿，硬件投入不少，软实力跟不上；有的仅把互联网当工具，没有坚持一体化的发展方向，存在貌合神离的现象。就媒体生态而言，信息资源同质化现象严重，入脑入心、爆款刷屏的优质产品还比较少，具有强大竞争力的媒体集团为数不多，推动融合向纵深发展任重而道远。媒体融合对于传统媒体人而言，是一场全方位的自我革命。传统媒体人既要勇于突破传统思维方式和思维定势的束缚，从思想观念上进行一次彻底的革命，牢固树立互联网思维和一体化理念，无融合不传播，要传播必融合；更要刀刃向内，以积极的心态，主动走出舒适区，到新知识的海洋中，到实践中，到群众中，到斗争一线去自我加压、苦练内功，不断提高脚力、眼力、脑力、笔力，做到有几把刷子，会十八般武艺。唯有如此，才能在融合发展中不被淘汰，并大有作为。

第六讲

把锤炼优良作风作为宣传思想文化工作能力提升的基础保证

党的作风就是党的形象，关系人心向背，关系党的生死存亡。宣传思想文化工作本身就是群众工作，有没有良好作风直接决定着工作的效果和水平。要充分认识到，作风问题本质上是党性问题，我们每一名党员的一言一行，都关系到党的形象。要加深对坚决反对"四风"必要性紧迫性的认识，始终牢记"作风问题无小事"，坚决摒弃思想上的惯性、行为上的惰性，始终坚持高标准、严要求，把住细节、管住小节，慎独、慎初、慎微、慎欲，以思想上的自觉带动行动上的自觉。

第六讲　把锤炼优良作风作为宣传思想文化工作能力提升的基础保证

第一节　坚持和自觉践行党的群众路线

人民立场是党的根本政治立场，群众路线是党的生命线，中国共产党根基在人民、血脉在人民、力量在人民，中国共产党必须始终代表最广大人民根本利益，与人民休戚与共、生死相依，我们要始终牢记江山就是人民，人民就是江山。人民是我们党执政的最大底气，自觉坚持人民立场、践行群众路线，永远和人民群众同呼吸、共命运、心连心，始终把人民放在心中最高位置，把人民对美好生活的向往作为奋斗目标。

民心是最大的政治。人民群众是我们党的立党之本、执政之基、力量之源，宣传思想文化工作是党的工作的重要组成部分，承担着为实现党的奋斗目标团结群众、教育群众、引导群众的庄严职责，本质上就是群众工作，服务人民是党的宣传思想文化工作的根本宗旨，实现好维护好发展好人民群众的根本利益、不断满足人民群众的精神文化需求是宣传思想文化工作的出发点和落脚点。习近平总书记强调，宣传思想文化工作者"要树立以人民为中心的工作导向，把服务群众同教育引导群众结合起来，把满足需求同提高素养结合起来，多宣传报道人民群众的伟大奋斗和火热生活，多宣传报道人民群众中涌现出来的先进典型和感人事迹"。① 这需要我们牢固树立人民至上的工作理念，把服务人民作为工作的根本途径，一切为了人民、一切依靠人民，把人民的评价反映作为检验工作的最高标准。宣传思想文化战线要坚持以人民为中心的工作导向，必须始终坚持和自觉践行党的群众路线，站稳群众立场、树立群众观点、增进群众感情，切实解决好"为了谁、依靠谁、我是谁"的问题，在深化作风养成、强化作风锤炼中展现新风貌、创造新业绩。

坚持人民立场，就要把满足人民对精神文化生活的新期待作为工作的着眼点和着力点。中国特色社会主义进入新时代，人民对美好生活的向往更加强烈，广大群众对文化生活的需求呈现出多样化、多层次的特点，正在从"有没有、够不够"向"好不好、精不精"转变。人民群众关心什么、需要什么，宣传思想文化工作就要聚焦什么、提供什么。当前，对文化产品的质量要求越来越高，老百姓所需要的和所提供的之间，数量上不匹配、内容上不对路的问题愈加突出，这是我国社会主要矛盾变化在文化领域的具体表现。要适应矛盾的新变化、人民的新需要，大力提升公共文化服务水平，适应乡村振兴发展的新形势，创新思路和举措，调整公共文化服务布局、供给方式、项目设置，把更多资源向群众喜闻乐见、富有地域特色的文化活动倾斜，让群众乐于参与、易于参与，在参与的过程中得到欢乐和教益。要推动公共文化服务体系提质增效，建立以群众文化需求为导向的公共文

---

① 习近平：《论党的宣传思想工作》，中央文献出版社2020年版，第16页。

化服务供给模式，化解城乡之间、地区之间和不同人群之间公共文化建设不均衡的矛盾。统筹建立公共文化基础设施共建共享机制，加快推进公共文化服务数字化建设，构建标准统一、互联互通的公共数字文化服务网络，在更广范围、更多对象中实现共建共管共享。鼓励和引导社会力量参与，推动公共文化服务社会化发展。要深入推进文化惠民、文化便民，做实文化扶贫、文化富民，组织开展向群众"送文化年货""三下乡""戏曲进乡村、进校园"等活动，深化文化领域供给侧结构性改革，既要解决"有没有"的问题，更要解决"好不好"的问题，不断满足广大群众求知求美求乐的需要。坚持"双百"方针和有效精准把关相结合，既保持创作生产充满生机，又确保创作导向积极向上，让文艺创作有灵魂、有筋骨、有积累，让文艺作品成为社会的黏合剂、奋斗的兴奋剂。持续推进"深入生活、扎根人民"活动，引导作家艺术家端正创作思想，把以人民为中心的创作导向转化为创作者的自觉追求、实际行动，引导他们沉得下、坐得住，力戒浮躁和诱惑，潜心创作无愧于伟大历史和伟大实践的传世之作。

　　坚持人民立场，就要坚持面向基层、重心下移，把深入细致的思想政治工作做到老百姓家门口、心坎上。群众需要理论，理论更需要走进群众、赢得群众。在社会变革空前深刻、思想意识更加多元多样的条件下，培育我们共同的精神家园，整合社会思潮、凝聚社会正能量的任务更为紧迫。要紧扣"以理服人"，推动习近平新时代中国特色社会主义思想深入人心，把习近平新时代中国特色社会主义思想作为主心骨、定盘星、度量衡，统领思想政治工作。以群众喜闻乐见的方式，深化中国特色社会主义和中国梦宣传教育，加强爱国主义、集体主义、社会主义教育，传承和弘扬中国共产党的精神谱系。特别是要让习近平总书记关于"幸福都是奋斗出来的"等重要论述家喻户晓，从而点亮人民群众的精神世界，激发其内生动力。紧密结合群众思想和生产生活实际，加强形势政策教育，引导他们更加清楚"形势怎么看、困难怎么办、我们怎么干"，不断增进对党和政府的信心、信任和信赖。要紧扣"以德立人"，培育和践行社会主义核心价值观。以社会主义核心价值观为引领，加强思想道德建设，重视发挥道德的教化作用，引导群众坚决反对不孝父母、不管子女、不睦邻里等行为，自觉抵制大操大办、厚葬薄养、人情攀比等陈规陋习，制止各种封建迷信活动，形成德业相劝、过失相规、守望相助、患难相恤的社会风尚。坚持教育引导、实践养成、制度保障三管齐下，不断深化精神文明创建活动，开展移风易俗、弘扬时代新风行动，健全完善自治章程、村规民约，努力形成自治、法治、德治相结合的乡村治理体系。要紧扣"以人带人"，充分发挥先进典型的示范带动作用。注重用身边人、身边事教育身边人，深入宣传道德模范、身边好人的典型事迹，弘扬真善美，传播正能量。要注重对传统乡贤文化进行挖掘整理、转化创新。还要积极培育新乡贤文化，充分发挥优秀基层干部、道德模范、身边好人等新乡贤的示范引领作用，鼓励他们参与到思想政治教育中来，用他们的嘉言懿行垂范乡里，涵育文明乡风。要紧扣"以情动人"，切实增强思想政治工作实效。要创新话语体系，善用家常话、身边事进行思想政治教育，多运用对比式、介入式、嵌入式、互动式等方式宣传新思想，多采用对象化、差异化、分众化、形象化等方法传播新精神，让农民群众听得进、听得懂、听了信。要关注思想问题背后的物质动因，想群众之所想，急群众之所急，在帮助群众解决生产生活实际困难中教育人、引导人。要创新理论宣讲、文艺演出、主题教育、

第六讲　把锤炼优良作风作为宣传思想文化工作能力提升的基础保证

社会宣传等教育形式，善于运用互联网等新技术，增强思想政治工作的吸引力感染力，不断扩大工作覆盖面。

坚持人民立场，就要把群众满意和认可作为衡量标准，让群众来评价、请群众来检验，增加群众的话语权和评判权。依靠群众、由群众评判，是宣传思想文化工作的不竭动力和最终标准。习近平总书记指出："让群众满意是我们党做好一切工作的价值取向和根本标准，群众意见是一把最好的尺子。"[①] 宣传思想文化工作做的是人的工作，要把人民群众爱不爱听、爱不爱看，作为根本标准。必须把群众需求作为第一信号，准确了解群众需要什么、喜欢什么，及时掌握人民群众精神文化生活的新变化新期待，使我们的宣传方式与人们的生活习惯、接受心理更加合拍对路，防止"两张皮"、隔堵墙。要着眼宣传效果完善评价体系，做到"群众说好才是真的好"。宣传效果是检验宣传思想文化工作改进创新的"金标准"，宣传效果如何评价、谁来评价，必须紧扣群众这个主体，实现"谁宣传谁评价"向"对谁宣传由谁评价"的转变，着力做好"加、减、乘、除"。"加"，就是要增加社会评价。社会评价既可以用于经济工作，也能用于宣传思想文化工作。应当以半年或全年为节点对宣传工作进行社会评价，可考虑在具备条件的地方开展试点，由当地宣传思想文化工作领导小组聘请有资质的第三方调查机构，对下一级党委领导班子开展宣传思想文化工作情况进行民意调查，推动领导干部这个"关键少数"率先接地气。"减"，就是要减少主观评价。主观评价既包括个体感知的评价，也包括宣传思想文化系统内的自我评价。目前还存在领导的一个批示就代

---

① 习近平：《在党的群众路线教育实践活动总结大会上的讲话》，《人民日报》2014年10月9日。

替了所有评价的现象。宣传思想文化部门在绩效考核、项目考核中，要适当减少领导批示加分、系统内其他单位学习考察加分等主观色彩较浓的考核指标。"乘"，就是要放大受众评价。受众来自群众，赢得"口碑"才能接地气。宣传思想文化部门的一切工作都应建立受众评估反馈机制，把受众评价反馈切实体现在对各级宣传思想文化工作的考核评价，体现在宣传思想文化部门内部的评价体系之中。"除"，就是要去除低效评价。宣传思想文化工作中的一些评价指标，看似合理，实则低效，应把它们揪出来、剔出去，让评价体系更加科学精准、务实管用。

坚持人民立场，就要立足服务群众加强能力建设，练就教育引导群众的"几把刷子"。要揽瓷器活，得有金刚钻。宣传思想文化工作如何更好服务群众，一个重要前提是宣传思想文化工作者要练就和群众打交道的真本领。一要提高"普通话""地方话"转换能力。"到什么坡唱什么歌""对什么人说什么话"是宣传思想文化工作者服务群众的一项基本功。各个地区、每个行业群众的语言习惯、表述方式各有特点，只有掌握这些特点，在各种语言之间进行熟练转换，才能和群众对得上话，让群众可亲、可信。二要提高"大道理""小故事"转换能力。从群众中来，到群众中去，用群众身边事教育引导身边人，是宣传思想文化工作的重要方法。把群众的"小事"提炼为大家关心的"大事"，把中央的"大事"切换为群众能感知和落实的"小事"，体现着宣传思想文化工作的水平，需要宣传思想文化工作者开动脑瓜子、迈开脚板子、握紧笔杆子。可开展系列专题培训活动，提高宣传思想文化工作者深度挖掘群众故事和"心事"的能力。三要提高"虚路数""实招数"转换能力。宣传思想文化工作既要解决思想问题，更要解决实际问题，才能提高对群众的吸引力。有人说"宣传部门不管钱不管物，缺少欢迎度"，更体现出避虚向实的重要性。把宣传思想文化工作能够直接服务群众的"实事"列出台账，实施一批实打实服务群众的项目，帮助群众解决一批急事难事，比如公共文化设施免费开放、新闻媒体扶弱济困、精神文明创建助推美丽乡村等，让群众点赞叫好。

第二节 形式主义、官僚主义是宣传思想文化战线作风建设首先要克服和解决的问题

作风建设的核心问题是密切党同人民群众的血肉联系。有什么样的作风,就会有什么样的党群、干群关系。形式主义、官僚主义,直接剥夺了人民群众的安全感、幸福感和获得感,与我们党全心全意为人民服务的根本宗旨是背道而驰的,与党一贯倡导的密切联系群众的优良传统和作风是格格不入的,是党和人民事业的大敌,更是宣传思想文化战线作风建设首先要克服和解决的问题。宣传思想文化工作是在人的头脑里搞建设,最终要作用在人们的思想深处,要真正发挥效果,不能笼而统之、大而化之,期望用一把钥匙开所有的门,而要对症下药、因人施策,绝非一朝一夕之功,要让群众接受、信服、拥护,不付出艰辛的努力难有所成。

党的十八大以来,以习近平同志为核心的党中央大力整治"四风",成效卓著,"四风"问题得到有效整治,享乐主义、奢靡之风基本刹住,但形式主义、官僚主义具有复杂性、顽固性、多样性、变异

性,仍然在一定范围内存在,甚至出现隐形变种,这在宣传思想文化领域中也有不同程度表现,有的还十分突出。比如,不分层次、不看对象,东西南北一个稿、男女老少一个样,大水漫灌、上下一般粗的问题,有的宣传只会照搬文件、套用概念,缺少对现实问题和群众关切的回应,结果是外行看不懂、内行不愿看。比如,有的作风漂浮、文风浮夸,深入群众、联系群众不够,脱离实际、不接地气,下基层与群众面对面交流少了,浮在上面开会发文多了。比如,做表面文章,浅尝辄止、不加消化、囫囵吞枣喊口号、装样子,热衷于搞表面文章,一些媒体存在唯点击率、唯收视率的现象,一些公共文化设施重建设、轻服务,重形式不重效果,老百姓的文化获得感还不强。比如,路径依赖,创新不够,习惯于照搬照抄,成了复读机、留声机。在舆情应对处置中,一些宣传思想文化工作人员的工作理念仍然停留在防、堵、守的阶段,自认为高大上,呼一声应者云集,要不然就挥舞大棒,根本不把人民群众的诉求当回事。比如,搞口号式、机械式宣传,面上轰轰烈烈,但缺乏亲和力和感染力。有的主题宣传、典型宣传简单排浪式,基调和节奏把握不稳妥,过犹不及,引发人们对宣传内容假大空的反感情绪,造成"低级红""高级黑"。比如,存在单纯任务观点,一些工作仅仅满足于做了、完成了,考虑更多的是"不出事",越往基层越是当成完成任务,工作效果层层递减。

审视形式主义、官僚主义问题,必须提到讲政治的高度。形式主义、官僚主义是目前党内存在的突出矛盾和问题,是阻碍党的路线方针政策和党中央重大决策部署贯彻落实的"拦路虎""绊脚石"。必须深刻认识到,形式主义、官僚主义是表象,不讲政治才是根本。要把力戒形式主义、官僚主义作为必须坚决履行的政治责任,以实际行动确保中央政令畅通、令行禁止，才是真正践行"两个维护"，才能诠释对党和人民的忠诚。要始终保持对形式主义、官僚主义的高度警觉，坚持马克思主义认识论、方法论，坚持党的思想路线，坚决反对主观主义、经验主义，筑牢力戒形式主义、官僚主义的思想防线。破除形式主义、官僚主义问题，要从思想根源上着力。领导干部本应是有远大理想和高度觉悟的先锋战士，把对党忠诚、为党分忧、为党尽职、为民造福作为根本政治担当，永葆共产党人政治本色。然而，确实有那么一些领导干部，遇事先想自己，不顾大局，做事畏手畏脚，怕担责任，发言表态时忠诚担当，实际工作中敷衍塞责，形式主义走过场、官僚主义不作为。追根溯源，行动上搞形式主义、官僚主义，根子在于思想上出了问题、政治理想不牢靠，功利主义、实用主义作祟，政绩观错位、责任心缺失，官本位思想严重，价值观走偏、权力观扭曲，严重脱离实际、脱离群众。清除这些思想观念上的雾霾，必须坚持用习近平新时代中国特色社会主义思想武装头脑，经常对表对标，及时校准偏差。

突出"实"、力戒"虚"，坚持实事求是、求真务实，坚持一切从实际出发，杜绝套路化、模式化，杜绝表面文章、花架子、走过场，着力解决工作不实、不深、不精的问题。要坚持虚功实做，找准开展工作的契合点、着力处，把原则要求转变为政策措施，把目标任务分解为工程项目，变无形为有形。坚持人在哪里，宣传思想文化工作就要跟进到哪里，切实把解决思想问题和解决实际问题更加紧密地结合起来，把服务群众与教育引导群众结合起来，把满足需求与提高素养结合起来，有针对性地回应需求、解疑释惑。宣传思想文化工作本质上是做人的工作，人心就是最大的政治，要树立适应时代发展进步的

第六讲 把锤炼优良作风作为宣传思想文化工作能力提升的基础保证

工作理念，让党的理论与群众的心声有效连接，把工作做到群众心坎上，争取人心、凝聚人心，最大限度地把不同阶层、不同人群团结在党的周围。要注重解决问题。问题是群众的呼声，是做好工作的第一信号。始终坚持问题导向，聚焦不接地气的难点问题、基层反映较多的突出问题、群众困惑的思想问题，抓住关键部位对症下药、靶向治疗，奔着问题去、追着问题走、揪着问题改，在解决问题中凝聚民心、汇聚力量。要注重用户体验。始终站稳群众立场，从用户的视角提供服务，针对不同群体分层分类、精准施策，突出平等交流、互动传播、即时传播，注重表达的感性化、个性化、平民化，真正"把话说到、把理说透、把疑解开、把事做实"，拉近与群众的距离，最大限度地直抵人心、形成共识。注重市场思维。强化市场竞争意识，从内容到设计、从策划到采编、从经营到发行，都要切准市场脉搏，注重市场营销，提高市场认可度、接受度，并在市场竞争中增强实力。注重阵地建设。强化阵地意识，建好阵地、用好阵地，明白守什么"土"、尽什么责，把一切具备传播功能和媒介属性的载体和平台都作为宣传思想文化工作的阵地，有针对性地拓展社交网络、移动传播、户外传播等新兴阵地，做到受众在哪里，宣传思想文化工作的阵地就在哪里。

弘扬担当精神，鲜明实干导向。一分部署、九分落实。抓落实既是一项基本功，也是出成果、见成效的关键环节。再好的政策规划，不去落实，就是"一纸空文"；再好的思路决策，不去执行，就是"坐而论道"；再好的创意策划，没有行动，也是"空中楼阁"。要精耕细作抓落实。宣传思想文化工作是一项"精细活"，理论宣讲、舆论引导、道德建设、文明创建、文化服务等来不得半点糊弄，照搬照抄、上下一般粗不行，粗糙粗放、眉毛胡子一把抓不行。要科学谋划安排，把上级部署要求转化成一个个具体的、有形的、可操作的事项，确保落地见效。要开拓创新抓落实。要主动适应工作对象、社会组织形式变化带来的新问题，积极应对思想观念转变、经济社会转型带来的新挑战，认真研究互联网、微时代、大数据带来的新课题，创新工作理念、话语表达方式、方法手段和体制机制，力求更生动、更鲜活，更加符合人们接受习惯，更接地气、受欢迎。要持之以恒抓落实。要以踏石留印、抓铁有痕的作风开展工作，有计划就有推进，有部署就有落实，遇到困难不绕道，碰到问题不推诿，按时限、按标准、按要求完成任务。要加强督促检查，经常看一看、查一查确定的任务哪些还没有做，哪些做得还不够，咬定青山不放松，不达目的不罢休。

第三节　切实改进文风，不断增强亲和力、感染力、吸引力

文风是作风的集中体现，宣传思想文化战线是拿"笔杆子"的，改进文风尤为重要。要坚持短实新、反对假长空，多讲实话家常话，少讲套话场面话，多一些平实务实切实，少一些过度铺陈渲染，力求清新朴实、生动鲜活，让群众听得懂、听得进，不断增强亲和力感染力吸引力。

持续走进基层。习近平总书记指出："基层跑遍、跑深、跑透了，我们的本领就会大起来，我们的认识就会产生飞跃，我们的工作就会做得更好。"① 只有在社会"大课堂"中经风雨、见世面，在实践"大熔炉"里经磨砺、受锤炼，宣传思想文化工作者才能洗尽铅华、褪尽浮尘，在思想上、政治上、业务上、作风上成熟起来。要深入拓展"走基层、转作风、改文风""深入生活扎根人民"等活动，推动广大宣

---

① 《习近平新闻舆论思想要论》，新华出版社2017年版，第102—103页。

传思想文化工作者走出去、走下去、走进去，深入火热生活、深入普通群众，在勤走基层中增进群众感情、撷取丰富素材、掌握百姓语言，为改文风注入源头活水，创作推出一批"沾泥土""带露珠""冒热气"的精品，展现经济发展、科技进步、社会文明带给每个人的获得感。

优化内容供给。宣传思想文化工作要接地气、聚人气，关键是内容要接地气。要始终坚持内容为王，抓住群众关注点、兴趣点，推动宣传思想文化工作在供给侧进行改革，增加有效供给，实现宣传思想文化工作提质增效。坚持民生视角精准策划内容，找准宣传思想文化工作的切入点，对涉及群众利益的重大政策、重大部署、重大事件列出清单，通过召开选题策划会、专家咨询会等形式，精心策划宣传的选题、角度、形式、载体，使广大群众充分理解认同和拥护，增强工作的针对性实效性。善用群众语言引领清新文风，既要考虑"说什么"，更要考虑"怎么说"，用群众听得懂的大白话、喜欢听的实在话，传递党和政府的声音、传播正确的价值理念，把有意义的事情讲得有意思，把有意思的事情讲得有意义，让群众既解渴又受益。丰富形式途径提高供给质量，按照全媒体化传播、可视化呈现、艺术化展示的要求，把宣传内容与时尚元素相结合，充分应用图表、图解、图片、动漫等表现手段，创新内容生产。

把握传播规律。新的传播格局下，受众对获取信息拥有充分的自主权和选择权，"酒香也怕巷子深"，宣传思想文化工作需要在载体、方法、渠道上具备先进性、灵活性和适应性，宣传内容才能直达群众心坎。一要因人制宜。受众在思想认识、文化水平、接受习惯等方面的差异，决定了宣传思想文化工作不能"一锅煮""一勺烩"，而要选好菜系、调好口味。青年人乐于尝试新鲜事物，互联网是联系、服务、教育他们的最有效渠道，要善于利用互联网挖掘和捕捉青年的"兴奋点"，用青年人的方式、风格做宣传，如运用VR、AR等技术实现"体感式"传播，拓展微视频、微电影、微动漫等"微宣传"，探索建立传播主流价值的网络直播平台，吸引青年人、影响青年人。面对广大基层群众，则要摒弃生搬硬套的教条和居高临下的说教，多采用身边故事、地方戏曲、乡土教材、乡贤典型等感染带动，使宣传思想文化工作和风细雨、生动鲜活。可考虑依托国家大数据中心，搭建新闻信息大数据分析平台，分析掌握每一名受众的阅读习惯、接受心理，真正做到精确送达、精准服务。二要因事制宜。宣传思想文化工作领域广泛，不同领域实现宣传目标、赢得群众认可的办法手段各有侧重，到底是铺天盖地还是精准发力，随事情的不同而差异巨大。有的要讲好故事，把宏大理论转化为个体叙事，为"大内涵"注入"小清新"，使受众在不知不觉中接受认同。有的要学会解构，将严肃主题解构为具有积极意义的传播题材，对冲网络戾气，受到粉丝热捧。有的要循循善诱。三要因时制宜。宣传思想文化工作要把握时度效、体现时度效，首先要抓住"时"的要求，在恰当的时候做恰当的事，起到润物无声、水银泻地的效果。如果宣传时机不对，非但不能取得效果，甚至适得其反。

创新话语体系。要推动宣传话语与大众话语对接，在话语表达、报道形态上大胆创新，学好用好群众语言，大力倡导清新朴实、生动鲜活的文风，对党的理论政策开展科普式宣传，做到既严谨又通俗，努力把严肃的宣教变成有趣的唠嗑，真正与受众有"共同语言"。要坚持以用户为中心，精准定位目标受众，认真研究用户需求，定向供给特色宣传产品，用受众听得懂的话语与他们互动交流、平等对话，在思想碰撞、观点交锋中达到同声相应、情感共鸣、思想认同。要推动中国话语与国际话语对接，开展对外话语体系建设攻关，打造融通中外的新概念新范畴新表述，用海外用户听得懂、能理解、易接受的方式讲好中国故事，提高外宣工作的精准度和针对性。

第六讲　把锤炼优良作风作为宣传思想文化工作能力提升的基础保证

第四节　大力弘扬唯实求真精神

重视调查研究、善于调查研究，是我们必须始终坚持和发扬的优良传统。党的十八大以来，以习近平同志为核心的党中央以永远在路上的决心恒心抓作风建设，始终把调查研究摆在作风建设的突出位置，强调改进调查研究、大兴调查研究之风。中央八项规定第一条就是"改进调查研究"。党中央修订的中央八项规定实施细则，对加强调查研究提出了更加明确、更加具体的要求。要深刻认识到调查研究事关反"四风"、转作风的实际成效，事关党和人民群众的血肉联系。必须紧紧围绕开创宣传思想文化工作新局面，抓住事关全局和长远的重大问题，抓住制约事业发展的难点问题，抓住人民群众关心关注的突出问题，全面准确掌握真实情况，广泛听取意见建议，科学谋划思路举措，在深入细致的调查研究中锤炼作风、增强能力。

强化问题导向。树立强烈的问题意识，坚持鲜明的问题导向，是马克思主义的理论品格。习近平总书记强调，我们中国共产党人干革命、搞建设、抓改革，从来都是为了解决中国的现实问题。要始终心里想着问题、眼里盯着问题、手里抓着问题,不断破解一个又一个难题、攻克一个又一个难关。增强本领能力,要保持强烈的问题意识、贯穿鲜明的问题导向,自觉带着问题想问题、看问题,从群众的反映中找到不足,从工作的落实中找到差距,"见之于未萌,治之于未乱"。要善于发现和分析问题,找准影响和制约宣传思想文化事业发展的原因和症结。发现问题的关键在于保持清醒的政治头脑和敏锐的洞察力,在于准确把握宣传思想文化工作的新形势新任务,要透过现象看到本质,抓住问题的核心和重点,精准发现、精准分析、精准解决。有的是长期没有解决的难题。比如,文艺创作有"高原"缺"高峰"的问题;村级文化活动中心存在资源分散、利用效率不高的问题;等等。有的是实践发展提出的新问题。比如,媒体融合发展重复建设的问题;公共文化服务体系难以满足人民群众多样化的文化需求问题;意识形态工作责任制落实力度和效果自上而下层层递减的问题;等等有的是倾向性苗头性问题。敢于触及和解决问题。当前,宣传思想文化领域还有不少尖锐矛盾和复杂问题,需要我们勇于担当、积极作为,通过调研把这些矛盾和问题一个一个梳理出来,一个一个研究透彻,以真抓的实劲、敢抓的狠劲、善抓的巧劲,攻克这些"腊子口"。类似的难题还有很多,事关重大,往往涉及利益调整、涉及体制机制,解决起来很有难度。我们要在研究这些难题上下功夫,敢于拿这些难题开刀,找准症结瓶颈,补齐弱项短板,找到从根源上解决问题的办法,推动取得实质性突破。

弘扬唯实求真精神。习近平总书记强调,调查研究就要实事求是,

第六讲　把锤炼优良作风作为宣传思想文化工作能力提升的基础保证

有一是一，有二是二，既报喜又报忧。①调查研究的调查就是查明事实、查明真相，情况掌握得实不实、真不真、准不准，直接决定了我们提出的对策对不对路、管不管用。如果情况掌握得不全面、摸得不清楚，得出的结论看起来能够自圆其说，其实脱离了实际、脱离了客观情况。一定要本着真调研、调真研的态度，从宣传思想文化工作的实际出发，从人民群众的需求出发，了解最真实的情况、掌握最鲜活的材料、得到最可靠的数据，有什么事就说什么事、有什么问题就研究什么问题，既善于发现和总结工作中的好经验好做法，也敢于揭示工作中存在的矛盾和问题。只有事实清楚了，我们提出的思路、形成的对策才经得起实践的检验。

拜人民群众为师。一切依靠群众、一切为了群众是我们党的优良传统。远离群众浮在上面，闭门造车搞调研、电话指挥搞调研、走马观花搞调研，只能是自说自唱，助长了形式主义、官僚主义。只有扑下身子、沉到一线，和群众打成一片，才能接地气、捉活鱼、取真经。人民群众是最好的老师，要把他们当作"可敬爱的先生"，俯身倾听、虚心请教，不摆官架子，群众才会打开话匣子，我们才能掌握最真实最全面的情况。"蜻蜓点水"式调研、"钦差"式调研、"老爷"式调研，群众一眼就能看出来，也不会讲真话、讲心里话。调查研究也不能"嫌贫爱富"，不仅要到工作局面好和先进的地方去，更要到群众意见多的地方去，到工作做得差的地方去，到困难较多、情况复杂、矛盾尖锐的地方去。

勇于追根溯源。调查研究的目标，是要找到问题症结，揭示事物

---

①　习近平：《深入实际　实事求是　提高调查研究的水平和成效》，《学习时报》2011年11月21日。

的真相，求得事物发展的普遍联系和客观规律。这个目标不是轻轻松松唾手可得的，很多时候，经验会使人误入歧途，感觉到的东西并不靠谱，雾里看花、水中望月，总隔着一层没有捅破的"窗户纸"，是不能鸣锣敲鼓的。在调研过程中，要有"不入虎穴、焉得虎子"的斗争勇气，多把功夫放在下马看花、解剖麻雀上，不能只走马观花、兜兜转转，就见风是雨、自以为然，草率地下结论、做判断。要有"吃别人嚼过的馍没有味道"的认真精神，从固有的思维定势、过时的条条框框中跳出来，既要避免只见树木不见森林、看不到问题的普遍性，也要避免只见森林不见树木、忽视问题的特殊性。要带着"打破砂锅问到底"的那么一股子劲，组织多方力量集思广益、集中攻关，努力克服差不多、大概齐的惰性，深入调查、研究、论证，再调查、再研究、再论证，直至吹糠见米、拨云见日，透过现象见本质。

健全长效机制。大兴调查研究之风，特别是各级领导干部要发挥带头示范作用，推动全战线人人注重调研、人人参与调研。各级领导干部要当好"头雁"，都要承担具体的调研任务和课题，既组织指挥，又冲锋陷阵，参与到调查研究的全过程各环节，使调研的过程成为锤炼坚强党性、增进群众感情、练就过硬本领、锻造良好作风的过程。主要负责同志要亲自谋划、亲自部署，带头到基层去、到一线去，带头深入调查、深入思考，带头攻坚克难、求实创新，带头反对和抵制形式主义、官僚主义，以实际行动做出样子、当好表率。要在制度机制建设上下功夫。要建立健全一整套工作制度和工作机制，保障调查研究真正成为谋事之基、成事之道，成为基本工作方法和领导制度。要切实把调查研究作为"第一道工序"和必经环节，坚持不调研不决策、先调研后决策的重要决策调研论证制度，凡是作出重大决策、召开重要会议、出台重要文件、推出重大部署都必须先做深入调查研究。要把调查研究作为重要内容贯穿工作的全过程，不仅要重视和坚持事前调研，也要重视和坚持在工作推进过程中及工作任务结束后的调研，及时了解掌握进展情况、发现解决工作问题、总结推广先进经验。要加强调研成果交流和转化机制的建设，搭建平台、丰富载体，创造更多更好的条件，让调查研究的成果得以充分展示，更加有效地进入决策视野，转化为政策文件、工作部署。要在培养调研习惯上下功夫。调查研究成为一种风气，不仅体现在课题调研、集中调研的制度化经常化上，也体现在领导干部能够在日常的工作生活中发现问题、即时开展调研上。要通过机制建设把日常调研常态化，倡导全战线都做一个有心人，在参加会议、外出活动等各种工作机会，在平日闲暇、朋友交往等日常生活中开展调研，脑子里始终装着问题、时常思考着问题，发现新苗头、掌握新趋势，捕捉真知灼见，不断积累和深化对问题的认识与思考。

第七讲

把"政治过硬、本领高强、求实创新、能打胜仗"作为宣传思想文化工作能力提升的任务目标

习近平总书记始终高度重视和关心关爱宣传思想文化工作队伍建设，先后多次在重要会议、重要讲话中对宣传思想文化干部队伍建设作出重要论述、提出明确要求。在2013年全国宣传思想工作会议上，习近平总书记提出，"所有宣传思想部门和单位，所有宣传思想战线上的党员、干部，都要旗帜鲜明坚持党性原则"，"担任宣传思想部门领导工作的，除政治上可靠之外，总是需要在理论上、笔头上、口才上或其他专长上有'几把刷子'"。在2018年召开的全国宣传思想工作会议上，习近平总书记明确指出，做好党的新闻舆论工作，关键是要不断增强脚力、眼力、脑力、笔力。这个"四力"要求对整个宣传思想战线都是适用的，并明确要求中宣部制定具体工作规划和措施，系统开展增强"四力"教育培训，努力打造一支政治过硬、本领高强、求实创新、能打胜仗的宣传思想工作队伍。这既体现了习近平总书记对全国宣传思想文化干部队伍的厚爱重视、殷切期望，也是习近平总书记亲自为我们布置的新课题、硬任务，为我们加强队伍建设、锤炼过硬素质指明了前进方向、提供了根本遵循。

第七讲　把"政治过硬、本领高强、求实创新、能打胜仗"作为宣传思想文化工作能力提升的任务目标

第一节　新时代宣传思想文化工作队伍综合素质、能力水平、精神风貌的集中体现

当今国际国内局势风云变幻，经济社会发展日新月异，科技发展突飞猛进，越是形势复杂，做好宣传思想文化工作的要求就越高，对宣传思想文化干部的要求就越苛刻，没有很强的适应新形势新要求的本领能力，是做不好新时代宣传思想文化工作的，是完成不好党交给我们的使命任务的。新时代宣传思想文化工作队伍的综合素质、能力水平、精神风貌，集中体现在不断增强"脚力、眼力、脑力、笔力"要求上。"脚力、眼力、脑力、笔力"看上去很普通，但内涵丰富、逻辑严密、相辅相成、辩证统一，是一个环环相扣的链条、由浅入深的动态过程。如眼力和脑力，就包括了政治要求、世界观、方法论、群众路线等一系列问题；脚力和笔力，就包含着唯物论和辩证法、理论与实践的关系等一系列问题。增强"四力"是对宣传思想文化工作队伍综合素质的内在要求和形象表达，是一个内涵丰富、相互联系、相互促进的有机整体，是新时代宣传思想文化工作队伍综合素质、能力水平、精神风貌的集中体现。

增强"四力",既是对新形势下宣传思想文化战线队伍建设提出的总要求,也是对广大宣传思想文化工作者寄予的殷切希望。要自觉践行群众路线,深入基层、深入生活、深入群众,努力在增强脚力上下功夫;要善于发现问题、明辨是非、捕捉亮点、抓住根本,努力在增强眼力上花力气;要自觉加强马克思主义理论学习,把坚定"四个自信"作为意识形态工作的关键,努力在增强脑力上费思量;要心中有好思想、胸中有大格局、手中有好文风、文中有好文采,努力在增强笔力上下足功夫。要牢记并践行习近平总书记的殷殷嘱托,深刻领悟"两个确立"的决定性意义,增强"四个意识"、坚定"四个自信"、做到"两个维护",着力锻造旗帜鲜明讲政治、始终忠于党和人民的政治品格,提升业务本领,锐意创新创造,锤炼工作作风,切实增强脚力、眼力、脑力、笔力,自觉承担起举旗帜、聚民心、育新人、兴文化、展形象的使命任务,自觉担负起新时代新的文化使命,努力在舆论宣传的主阵地上发出时代最强音。

进入新时代,增强"四力"又面临新形势,有了新要求。信息化时代,面临的国际国内形势日新月异,宣传思想文化工作的对象范围手段方式都和过去大大不同,实践中遇到的新情况新问题新挑战层出不穷,要做好新形势下的群众宣传教育服务工作,引导主流思想舆论,在全社会弘扬正能量、凝聚精气神,可以说是要求更高、任务更重,也更加凸显出对宣传思想文化工作者本领能力的要求更高。

首先,要从新内涵上深入理解增强"四力",做意识形态安全的守护者。增强脚力就是迈开步子,走出自我局限的"小天地",投身社会主义现代化建设的"大舞台",贯彻以人民为中心的发展思想和宗旨观念,深入实际、深入基层、深入群众,使工作更接地气、更扎实持久、

第七讲　把"政治过硬、本领高强、求实创新、能打胜仗"作为宣传思想文化工作能力提升的任务目标

更富有成效；增强眼力就是要学知识、长见识、提意识，练就一双慧眼，提高观察力、分辨力、鉴别力，在错综复杂的形势中，做到政治坚定、立场鲜明，善于明辨是非，看得更清更透更远，既当"望远镜"又当"显微镜"；增强脑力就是要在工作实践中练就"最强大脑"，做到"既要政治坚定，也要本领高强"，多想、善谋、会悟，在解决困难问题、应对急难险重任务时，增强战略思维、历史思维、辩证思维、系统思维、创新思维、法治思维、底线思维，提升科学性、体现时代性、把握规律性、富于创造性；增强笔力就是要练就"好把式"，妙笔生花，善于表达，既肯干、会干又能写、会讲，做到写得好、说得妙、干得实，让"笔杆子"牢牢掌握在党和人民手中，增强宣传思想文化的传播力、引导力、影响力、公信力。当前，增强"四力"越来越成为全战线的自觉行动，越来越多的人敢于站出来投身到意识形态斗争的前列，斗争的方法手段、经验智慧不断积累丰富，意识形态领域斗争的主导权牢牢地掌握在党和人民手中。作为党的宣传工作者，要始终站在意识形态斗争第一线，成为意识形态阵地的坚定守护者。

其次，要从新方法上深入理解增强"四力"，做党的主题教育的践行者。从历史逻辑看，一百多年来我党始终重视思想建党、理论强党。宣传群众、教育群众、团结群众、凝聚群众是我党能够发展壮大的决胜"秘籍"，集成了党的历史经验和执政兴国的政治智慧。从理论逻辑看，党的历史就是一部群众路线史，"四力"贯穿了马克思主义的立场、观点、方法，是马克思主义群众观点在宣传思想文化工作中的集中表现。宣传思想文化工作就是"从群众中来到群众中去"的过程，必须扎根于社会实践，又要发挥主观能动性，要在宣传实践中善于把镜头对准人民群众，把舞台交给人民群众。在扎实推进党史学

| 守正创新　新时代宣传思想文化工作能力提升八讲

习教育、深入开展学习贯彻习近平新时代中国特色社会主义思想主题教育、党纪学习教育、深入贯彻中央八项规定精神学习教育中,不仅要让广大党员干部受洗礼、有提升,而且要让群众受教育、得实惠。从实践逻辑看,增强"四力"集中体现了党的十八大以来宣传思想文化战线从正本清源到守正创新的重要成果,蕴含着建设社会主义现代化强国新的更高要求。面对新阶段、新格局、新形势,要克服思想不适应、方法不对路、步伐不跟趟的突出问题,迫切需要我们以增强"四力"为路径,锤炼过硬作风,按照主题教育的要求,以昂扬姿态奋力开启全面建设社会主义现代化国家新征程,更好地承担起"举旗帜、聚民心、育新人、兴文化、展形象"的使命任务。

最后,要从新定位上深入理解增强"四力",做推进高质量发展的引领者。做好新形势下宣传思想文化工作,必须推进马克思主义中国化时代化大众化,建设具有强大凝聚力和引领力的社会主义意识形态,使全体人民在理想信念、价值理念、道德观念上紧紧团结在一起。要加强理论武装,推动习近平新时代中国特色社会主义思想深入人心。理论宣讲是推动党的创新理论深入基层、掌握群众的重要渠道。近年来,围绕深入学习贯彻习近平新时代中国特色社会主义思想,宣传思想文化战线组织开展了一系列主题鲜明、形式多样的理论宣讲活动,广大干部群众的思想认同、政治认同、情感认同持续提升。随着全战线增强"四力"教育的展开和向纵深拓展,增强"四力"理论与实践同频共振、同向同行、同心同德,必将产生源源不断的新动能,唯此,我们才能把准时代脉搏,走在时代前列,保持蓬勃向上的朝气、开拓进取的锐气、不畏艰险的勇气,精准有效宣传党的主张,贯彻党的决定,实现聚民心、暖人心、筑同心的目的,不断推进宣传思想文化工作高质量发展。

第七讲　把"政治过硬、本领高强、求实创新、能打胜仗"作为宣传思想文化工作能力提升的任务目标

第二节　政治过硬、本领高强、求实创新、能打胜仗的具体内涵

经过多年来的努力，宣传思想文化战线正本清源的任务取得重大成效，现在进入了守正创新的重要阶段。在2018年全国宣传思想工作会议上，习近平总书记深刻指出，要"努力打造一支政治过硬、本领高强、求实创新、能打胜仗的宣传思想工作队伍"。这是习近平总书记高瞻远瞩，站在战略全局的高度，对新时代宣传思想文化工作队伍建设提出的总要求总遵循，也是对宣传干部队伍建设重要论述的新发展新凝练，与党的十八大以来党中央对新闻舆论工作者、哲学社会科学工作者、文化文艺工作者等方面的队伍建设要求是一脉相承的。

习近平总书记对宣传思想文化工作队伍建设始终高度重视、一直牵挂在心头，在工作实践当中，习近平总书记对宣传思想文化工作队伍十分关爱，对宣传思想文化战线的队伍建设也是非常关心，在许多重要会议、重要场合，作出一系列重要论述、提出一系列明确要求。如在2013年全国宣传思想工作会议上，习近平总书记鲜明指出，"坚

| 守正创新 新时代宣传思想文化工作能力提升八讲

持党性,核心就是坚持正确政治方向,站稳政治立场,坚定宣传党的理论和路线方针政策,坚定宣传中央重大工作部署,坚定宣传中央关于形势的重大分析判断,坚决同党中央保持高度一致,坚决维护中央权威","担任宣传思想部门领导工作的,除政治上可靠之外,总是需要在理论上、笔头上、口才上或其他专长上有'几把刷子'","做好宣传思想工作,比以往任何时候都更加需要创新","在大是大非问题上也没有开明绅士,就得斗争"。① 这些重要论述,已经包含了对宣传思想文化战线在政治过硬、本领高强、求实创新、能打胜仗方面的要求和期许。在党的新闻舆论工作座谈会上,习近平总书记提出了增强"脚力、眼力、脑力、笔力"的要求,再到2018年全国宣传思想工作会议上,明确提出政治过硬、本领高强、求实创新、能打胜仗的总要求。

习近平总书记对宣传思想文化工作队伍的重要论述,概括起来包括以下六个方面:一是始终强调要旗帜鲜明讲政治,把讲政治作为第一位的要求,把忠诚可靠作为第一位的标准,坚持以党的政治建设为统领,增强"四个意识",坚定"四个自信",做到"两个维护",始终对党赤胆忠心、全心全意,把党的旗帜在宣传思想文化战线高高飘扬。二是要求把系统把握马克思主义基本原理作为看家本领,在学懂弄通做实习近平新时代中国特色社会主义思想上下功夫,善于运用马克思主义的立场观点方法把科学理论转化为清醒的理论自觉、坚定的政治信念、科学的思维方法。三是强调树立以人民为中心的工作导向,坚持百姓情怀人民本色,尊重人民主体地位,聚焦人民实践创造,满

---

① 习近平:《论党的宣传思想工作》,中央文献出版社2020年版,第14—18页。

足人民需求期待，解决好为了谁、依靠谁、我是谁的重大问题。四是要求注重把握"几把刷子""会使十八般兵器"，加强学习、加强实践，不断掌握新知识、熟悉新领域、开拓新视野，真正成为让人信服的行家里手。五是要求当战士不当绅士，勇于担当、敢抓敢管、敢于亮剑，旗帜鲜明支持正确思想言论，旗帜鲜明反对和抵制各种错误观点，以战斗的姿态、战士的担当，积极投身宣传思想领域斗争一线。六是强调持之以恒转作风改文风，大兴调查研究之风，大力加强作风建设，坚决纠正"四风"特别是形式主义、官僚主义，创造经得起历史和人民检验的工作业绩。总之，习近平总书记的这些重要论述，内涵丰富，要求明确，具有很强的思想性、指导性、针对性，充满了对宣传思想文化工作队伍的殷切希望，为我们加强队伍建设锤炼过硬素质指明了方向、提供了遵循。建设一支符合新时代需要的宣传思想文化工作队伍，政治过硬是根本前提，本领高强是基础条件，求实创新是方法手段，能打胜仗是目标追求，需要我们全面准确领会，积极从自身做起，不断增强政治意识，增强素质能力，为开创宣传思想文化工作新局面提供坚强思想保证和强大精神力量。

中国特色社会主义进入新时代，宣传思想文化工作必须立足新方位、找准新坐标，抓住历史机遇、应对风险挑战，把统一思想、凝聚力量作为宣传思想文化工作的中心环节，肩负起时代赋予的使命任务。建设具有强大凝聚力和引领力的社会主义意识形态、加强舆论引导和舆论斗争、培养担当民族复兴大任的时代新人、不断满足人民对精神文化生活新期待等各项工作任务，迫切要求宣传思想文化工作者必须政治过硬、本领高强、求实创新、能打胜仗。

一、政治过硬

党的十九大报告指出："领导十三亿多人的社会主义大国，我们党既要政治过硬，也要本领高强。"党的二十大报告提出："建设堪当民族复兴重任的高素质干部队伍"，强调全面建设社会主义现代化国家，必须有一支政治过硬、适应新时代要求、具备领导现代化建设能力的干部队伍。这是站在新时代推进中国特色社会主义伟大事业的高度，对党的执政能力和领导水平提出的新要求。习近平总书记又对宣传思想文化工作队伍提出这一要求，更加凸显了习近平总书记对宣传思想文化干部队伍的高度重视、殷殷期望。

旗帜鲜明讲政治，是我们党的优良传统，也是我们党的核心优势。领导干部讲政治，必须政治过硬，政治过硬是领导干部的首要政治品质和生命线。特别是做宣传思想文化工作本身就是做政治工作，政治过硬是第一位的要求，事事时时处处都必须讲政治，坚持以党的号召为方向、以党的声音为指引、以党的要求为遵循，这是宣传思想文化战线一贯坚持的优良传统、矢志不渝的政治本色、守正创新的根本要求。做好新形势下的宣传思想文化工作，宣传思想文化工作者必须把始终坚定"两个维护"作为崇高政治使命、重大政治责任，旗帜鲜明讲政治，立场坚定讲维护，筑牢绝对忠诚的政治品格，带头做"两个维护"的模范引领者、忠诚践行者、坚定捍卫者。

做"两个维护"的模范引领者，就是要发挥宣传思想文化工作职能优势，厚植"两个维护"情感，筑牢"两个维护"根基。要深刻认识到，"两个维护"是维护习近平总书记的核心地位，而不是其他任

第七讲 把"政治过硬、本领高强、求实创新、能打胜仗"作为宣传思想文化工作能力提升的任务目标

何人;维护权威是维护以习近平同志为核心的党中央权威和集中统一领导,而不是其他任何一级党组织;看齐,是向习近平总书记、向党中央看齐,不能层层套用看齐。要正确把握"两个维护"的科学内涵和要求,把"两个维护"作为政治灵魂融入各项宣传思想文化工作之中,通过实事求是、形式多样的宣传,引导广大干部群众充分认识到一个坚强的领导核心是夺取新时代中国特色社会主义伟大胜利的根本保证,充分认识到习近平总书记是在浓郁革命氛围中、在苦难历史和曲折经历中、在长期实践中、在新的伟大斗争中、在重大国际斗争中成长确立起来的党的领袖,充分认识到在以习近平同志为核心的党中央坚强领导下,党和国家事业所取得的辉煌成就,不断增进政治认同、思想认同、情感认同,让习近平总书记的思想理论和领袖形象深入人心,让落实"两个维护"成为广大干部群众的高度自觉。

做"两个维护"的忠诚践行者,就要坚持以"两个维护"为标杆,时时对标看齐,化为自觉行动。"两个维护"是具体的,体现在思想和工作的时时处处、方方面面。宣传思想文化工作是政治工作,大事小情都要讲政治,必须把"两个维护"作为首要的政治纪律和政治规矩,烙印在思想上、融入在血脉中、体现在实际工作上,始终在政治立场、政治方向、政治原则、政治道路上同党中央保持高度一致。无论是理论舆论,还是文明文化,各项宣传思想文化工作都要注重从"两个维护"的政治高度来谋划、来部署、来落实,不折不扣贯彻落实党中央决策部署。要经常同党中央要求对标对表,看有没有不看齐、看不齐的问题,保持清醒头脑,时时自查自纠,决不能存在思想认识有偏差、贯彻落实不够及时有力、打折扣搞变通等现象。

做"两个维护"的坚定捍卫者,就是要在捍卫"两个维护"上

勇担当、强作为，把牢"两个维护"的重要关口。要提高政治敏锐性和政治鉴别力，清醒认识意识形态领域的复杂形势，加强各类社会舆情和思想动态的分析研判，超前把握、主动发声、积极引导，坚决防止一般性问题演变为政治性问题、非意识形态问题演变为意识形态问题。在大是大非面前，要牢牢把握正确政治方向，旗帜鲜明坚持真理、立场坚定批驳谬误，不为噪音杂音干扰，不为错误思想迷惑，对党赤胆忠心、全心全意。要大力发扬斗争精神，对诋毁领袖和英雄人物、攻击党的领导、否定社会主义制度的违法行为，敢抓敢管、敢于斗争、敢于亮剑，坚决向歪理邪说、歪风邪气宣战，旗帜鲜明地做"两个维护"的坚定捍卫者。

二、本领高强

党的十九大报告提出，领导干部必须增强八个方面的本领：学习本领、政治领导本领、改革创新本领、科学发展本领、依法执政本领、群众工作本领、狠抓落实本领、驾驭风险本领。党的二十大报告进一步强调，增强干部推动高质量发展本领、服务群众本领、防范化解风险本领。面对中国特色社会主义新时代的光明前景，面对中华民族伟大复兴中国梦新征程上的风险挑战，面对习近平总书记对宣传思想文化战线提出的举旗帜、聚民心、育新人、兴文化、展形象的使命任务，能不能承担起、履行好这个使命任务，关键是看我们有没有一副比较宽的肩膀、一身真的本事，必须本领高强。

近年来，宣传思想文化战线开展了一系列宣传教育活动、组织了一系列宣传重大战役，干部队伍受到了锻炼、得到了提升。但是，也

第七讲　把"政治过硬、本领高强、求实创新、能打胜仗"作为宣传思想文化工作能力提升的任务目标

要看到随着工作领域大大拓展、工作要求不断提高，尤其是信息技术的迅猛发展，新技术、新应用快速发展，研究解决宣传思想文化工作难题的要求更加迫切。随着新一代信息技术加速突破，5G技术、云计算、大数据、区块链、人工智能、物联网等快速发展，这些引领新一轮科技革命、产业革命的战略性技术，深刻改变着人们的生产生活方式、思维方式和社会交往方式，对宣传思想文化工作带来的深刻影响已经显现。宣传思想文化战线必须高度关注技术发展对媒体格局、舆论生态、传播手段带来的深刻变革，提高自身本领水平，认真研究如何利用技术之利、提升整个宣传思想文化工作质量水平，研究如何应对技术之弊，化解对意识形态工作带来的挑战，推动宣传思想文化工作在技术革命浪潮当中始终站在潮头，掌握主动。我们过去很多熟悉的东西作用没有那么大了，不熟悉的东西越来越多，如果过去还能凭着"一招鲜，吃遍天"，现在很多时候只能管几天，越来越需要素质全面的复合型人才，既懂理论又懂受众，既懂技术又懂管理，既能做好正面宣传又能做好引导，可以说形势逼人、任务催人，本领恐慌、能力不足的问题前所未有地摆在我们面前。

过硬本领，要从学习中来。习近平总书记深刻指出，学习本领是领导干部必须具备的第一位本领，同时要善于把学到的本领运用到实际工作中去，努力做到知行合一、以知促行、以行求知。①中国共产党人依靠学习走到今天，也必然要依靠学习走向未来。增强本领，首先要认识到学习是事业进步的阶梯，要把学习当成一种责任、一种习惯。要深刻认识到习近平新时代中国特色社会主义思想是增强本领、

---

①　习近平：《在纪念刘少奇同志诞辰120周年座谈会上的讲话》，《人民日报》2018年11月24日。

| 守正创新　新时代宣传思想文化工作能力提升八讲

破解难题的强大思想武器,要始终坚持以习近平新时代中国特色社会主义思想武装头脑、指导实践、推动工作,深入理解和掌握贯穿其中的马克思主义立场观点方法,不断坚定理想信念,提升思想境界,增强攻坚克难的本领。宣传思想文化战线要切实提高把握正确方向导向的能力,壮大主流思想文化阵地的能力,强化意识形态阵地管理的能力,加强网上舆论宣传和斗争的能力,处理复杂问题和突发事件的能力。要广泛开展大学习、大研讨、大练兵,坚持问题导向,联系自己的实际、自己的不足、自己的短板。要干什么学什么、缺什么补什么,既刻苦钻研精益求精,努力做岗位上的好把式、领域里的专门家,又能广泛涉猎博采众长,努力练就多功能,更多人成为多面手。

过硬本领,要从实践中来。实践出真知,实践出真才。实践是培养人造就人的根本途径,要积极推动宣传思想文化战线到工作一线接受锻炼、接受磨砺,这非常重要。实践的观点,是认识论的基础的观点、第一的观点,不能因为互联网发达了,从网上下载一些东西就认为是了解信息了、了解情况了,这是两码事,实践要深刻得多、也丰富得多、也复杂得多。这些年来,宣传思想文化部门组织了新闻战线"走转改"、文艺战线"深入生活、扎根群众"等主题实践活动,很多重大的宣传,蹲点式的调研,新春走基层,不仅采集到了好的消息、好的通讯、好的视频、好的照片,更重要的是让宣传思想文化工作者能够亲身地感受、摸清一些情况,群众在想什么、干什么、喜欢什么、需要什么。像庆祝改革开放40周年、新中国成立70周年、中国共产党成立100周年等重大主题宣传,深入基层以后的收获,不仅仅是宣传报道、调研报告,更重要的是透过这些采访和案例分析,对改革开放规律性的认识。像建设新时代文明实践中心和融媒体中心这些重大的任务，像应对突发事件开展舆论斗争这样的重大考验，都应当成为锻炼队伍、增长才干的舞台。

过硬本领，要从群众中来。宣传思想文化工作承担着宣传群众、动员群众、服务群众的庄严使命，本质上就是群众工作。只有始终坚持以人民为中心，主动面向群众、热诚服务群众，才能确保宣传思想文化工作属于人民、为了人民的性质和方向，才能更好地发挥宣传思想文化工作凝心聚力强基固本的重要作用。始终把人民放在心中最高位置，坚定自觉地走好群众路线，自觉走出机关大院，到群众中去，拜人民为师，越沉到农村、企业、社区、学校，到艰苦偏远的地方，到困难大、矛盾多的地方去，就越能了解基层一线情况，越能体验群众酸甜苦辣、喜怒哀乐，就越能找到工作的思路方法，在深入生活中不断强化宗旨意识，在走进基层中切实了解国情民情，在群众创新创造中汲取智慧力量，不断增强自己做好工作的能力素质。

三、求实创新

宣传思想文化工作引领时代风气之先，是最需要创新的领域，同时，宣传思想工作涉及面广、与经济社会发展联系广泛，虚不得、空不得，必须始终坚持求真务实。宣传思想文化战线正本清源的任务取得重大成效，现在进入了守正创新的阶段，这是对党的十八大以来宣传思想文化工作成绩的充分肯定，也是对宣传思想文化战线的素质能力工作水平提出的新要求而且是更高的要求。现在随着社会实践的丰富发展，我们宣传思想文化工作的对象范围手段方式都和过去大大不同，实践中遇到的新情况新问题新挑战层出不穷，需要我们迎难而上、创新求进。宣传思想文化战线要始终坚持守正创新、锐意进取，保持思想的敏锐性和开放度，认识新事物、把握新规律，敢于打破思维定势和路径依赖，使主观认识更加符合客观实际、跟上新时代的节律，不断有所发现、有所创造、有所前进，推动宣传思想文化工作更好体现规律性、增强时代性、富于创造性。

宣传思想文化战线要立足时代前沿，不断深化对时代特征和发展大势的认识把握，自觉把我们的思想从不符合新时代要求的条条框框中解放出来，积极探索社会发展、信息传播、思想演变的内在规律，增强贴近时代的在场感、跟上变化的紧迫感，以敏锐的感知力、洞察力增强工作的适应力、引领力。要加强经验总结，主动向实践学习、向基层学习、向群众学习，善于从各领域、各方面的创新做法和基层创造的新鲜经验中拓展新视野、形成新理念、探索新路径，不断提高总结经验、提炼认识、推动工作的能力。

进入新时代后，我国社会主要矛盾发生深刻变化，人民群众对更好精神文化生活的需求日益高涨，满足人民群众的向往和期待成为我们工作的奋斗目标、动力源泉。要坚持以人民为中心，把增强人民群众的精神文化获得感幸福感作为出发点和落脚点，科学把握不同群体的思想实际、生活状况、接受习惯、文化需求，更加精准、有效地提供文化供给和服务。要着眼推动文化高质量发展，围绕创作生产、公共服务、经营管理等各个环节，苦练内功、精益求精、追求卓越，着力提高内容的原创力、传播的影响力，切实增强体制机制的活力、引领市场的能力，更好构筑人民精神家园、充盈群众文化生活。要聚焦群众所思所想所盼，紧密结合新的时代条件，积极探索新形势下有效开展思想政治工作的方式方法、载体手段，切实增强宣传群众、教育群众、凝聚群众的能力。

问题是时代的声音、创新的起点。宣传思想文化工作向来是在不断发现问题、解决问题中创新发展的。现在，我们还面临不少补短板、强弱项的任务，比如，理论学习宣传的针对性实效性亟待增强，媒体融合还没有实现从"相加"向"相融"的转变，社会主义核心价值观建设还需要进一步落细落小落实，优质文化产品供给能力不足，国际传播能力与我国综合国力还不够匹配，等等。这些问题，是工作实践提出的重要课题，也是实现创新创造的突破口。要强化问题意识、坚持问题导向，树立攻坚克难的勇气担当，把握问题的实质和成因，探寻解决问题的思路办法，提出新战略新举措，完善新制度新机制，在破解难题、补齐短板中实现新作为、取得新成效，不断增强工作的原则性、系统性、预见性、创造性。现在互联网已经成为宣传思想文化工作的主阵地，意识形态斗争的主战场、最前沿，要着力强化互联网思维，提高信息素质，把握新的互联网发展的特点和规律，及时学习网络新技术新运用，熟练掌握分众化互动化传播方式，努力提高建网用网治网的水平，使干部工作队伍的能力素质更好地适应新时代。

四、能打胜仗

毛泽东同志曾说，干革命不仅靠枪杆子，还要靠笔杆子。习近平总书记高度重视"笔杆子"，从亲自参加文艺工作座谈会、党的新闻舆论工作座谈会、哲学社会科学工作座谈会、网络安全和信息化工作座谈会、文化传承发展座谈会等一系列事关宣传思想文化工作长远发展的重要会议、发表一系列重要讲话充分体现出来。无论是政治过硬，还是本领高强、求实创新，最后都要落脚到能打胜仗这一根本目标上来。

从国际看，世界百年未有之大变局加速演进，增强国际话语权，提升国家文化软实力之艰巨前所未有。世界多极化、经济全球化、社会信息化、文化多样化深入发展，国际力量对比发生新的变化，大国战略竞争日趋激烈，世界不稳定不确定因素增多。我们提出的构建人类命运共同体、共商共建共享"一带一路"等得到国际社会广泛认同，我国的国际影响力、感召力、塑造力日益提升，成为引领全球经济发展、推进全球治理体系变革的重要力量。同时，西方国家不断炮制"中国威胁论""中国渗透论""中国霸权论""锐实力论"等论调，散布"一带一路"倡议是地缘政治扩张计划、中国盗窃知识产权、强制技术转让等种种谬论，不遗余力对我国进行妖魔化、污名化，采取各种手段煽风点火、造谣生事，将矛头指向党的领导和我国社会主义制度，意识形态领域的斗争此起彼伏，意识形态领域的风险始终存在，这场持久的、看不见硝烟的战争从未远离我们。中华民族伟大复兴，绝不是轻轻松松、敲锣打鼓就能实现的。越是取得成绩的时候，越是要有如履薄冰的谨慎，越是要有居安思危的忧患。必须坚持底线思维，保持战略定力，保持斗争精神，深刻认识和有效应对各种可以预见和难以预见的风险挑战，坚决打赢防范和化解意识形态领域各种风险挑战的主动仗。

能打胜仗，必须树牢阵地意识。做好意识形态工作，宣传思想文化部门承担着十分重要的使命，必须守土有责、守土负责、守土尽责。面对没有硝烟的暗战，面对纷繁复杂的形势，宣传思想文化战线必须牢固树立阵地意识、责任意识，坚决贯彻落实意识形态工作责任

第七讲 把"政治过硬、本领高强、求实创新、能打胜仗"作为宣传思想文化工作能力提升的任务目标

制,坚持用习近平新时代中国特色社会主义思想武装头脑,指导加强各类宣传思想文化阵地建设、管理,不断巩固马克思主义在意识形态领域的指导地位。必须理直气壮、积极主动地守好阵地,弘扬主旋律、传播正能量,旗帜鲜明地反对各种错误思想言论、批驳谬误。现在,互联网已经成为意识形态斗争的主阵地、主战场、最前沿,是我们面临的"最大变量",在互联网这个战场上能否顶得住、打得赢,直接关系我国意识形态安全和政权安全。宣传思想文化战线要深入分析互联网阵地特点和规律,真正成为运用现代传媒新手段新方法的行家里手,依法加强网络社会管理,加强网络新技术新应用的管理,尽快掌握这个舆论战场上的主动权,确保互联网可管可控,使我们的网络空间清朗起来。

能打胜仗,必须增强斗争精神。进入新时代,我们党正在进行具有许多新的历史特点的伟大斗争。当前世界发展日新月异,形势环境变化之快、改革发展稳定任务之重、各种矛盾风险挑战等,都是前所未有的。发展关键期、改革攻坚期,往往也是矛盾凸显期。随着我国经济社会深刻变革,利益格局深刻调整,各种深层次矛盾和问题不断显现,社会热点易发多发频发,并表现出许多新的特点。特别是对收入分配、就业、教育、社会保障、医疗、住房、环境治理、养老、食品药品安全等问题,群众要求不断提高,不满意的地方不少,一些人容易形成心理落差。如果不能正确加以引导,一些孤立事件和民生问题很可能被别有用心的人意识形态化、政治化,蛊惑群众宣泄负面情绪、极端情绪,酿成舆情事件甚至群体性事件。必须旗帜鲜明坚持党管宣传、党管意识形态,牢牢把握正确政治导向,牢牢把握工作领导权主动权主导权,精准引导新闻舆论和社会舆论,对于事关大是大非

问题和政治原则问题，必须敢于亮剑、勇于斗争，及时批驳谬误、明辨是非、澄清事实、维护真理。加强对外话语体系研究和建设，既要积极主动阐释好中国道路、中国特色，又要有理有利有节开展国际舆论斗争，有效维护我国政治安全和文化安全。

　　能打胜仗，必须强化纪律意识。宣传思想文化工作涉及方方面面，宣传思想文化工作队伍来自四面八方，必须以严格的政治纪律和政治规矩带好队伍。宣传思想文化工作本质上是政治工作，必须把讲政治作为第一位的要求，把政治素养作为必备的核心素养，严守政治纪律和政治规矩，始终坚持正确的政治方向，担负起党和人民赋予的重大职责使命。做好宣传思想文化工作，每个方面都必须以守纪律、讲规矩为前提。要强化纪律意识，把纪律挺在前面，把纪律建设摆在更加突出位置，用严明的纪律管住全体宣传思想文化工作者。宣传思想文化系统党员干部特别是领导干部要有政治家的头脑，善于从政治上看问题，站稳立场、把准方向，始终做政治上的明白人。在重大政治原则和大是大非问题上强化政治定力、思想定力，强化免疫力，防止被不良思想舆论所影响、熏染。把铁的政治纪律具体化为铁的宣传纪律，把党管宣传、党管意识形态、党管媒体、党管互联网的要求真正落到实处，牢牢把握正确的宣传导向和舆论导向。

第三节　自觉肩负起新时代宣传思想文化工作的使命任务

一个时代有一个时代的主题，一代人有一代人的使命。恩格斯说过："历史从哪里开始，思想进程也应当从哪里开始。"宣传思想文化工作作为党的一项重要工作，自觉成立起就肩负着神圣职责与光荣使命。中国特色社会主义进入新时代，宣传思想文化工作必须立足新方位、找准新坐标，抓住历史机遇、应对风险挑战，把统一思想、凝聚力量作为宣传思想文化工作的中心环节，肩负起时代赋予的使命任务。做好新形势下宣传思想文化工作，必须以习近平新时代中国特色社会主义思想为指导，深刻领悟"两个确立"的决定性意义，增强"四个意识"、坚定"四个自信"、做到"两个维护"，自觉承担起举旗帜、聚民心、育新人、兴文化、展形象的使命任务，促进全体人民在理想信念、价值理念、道德观念上紧紧团结在一起，为服务党和国家事业全局作出更大贡献。

举旗帜，就是要高举马克思主义、中国特色社会主义的旗帜，坚持不懈用习近平新时代中国特色社会主义思想武装全党、教育人民、推动工作，在学懂弄通做实上下功夫，推动当代中国马克思主义、21世纪马克思主义深入人心、落地生根。聚民心，就是要牢牢把握正确舆论导向，唱响主旋律、壮大正能量，做大做强主流思想舆论，把全党全国人民士气鼓舞起来、精神振奋起来，朝着党中央确定的宏伟目标团结一心向前进。育新人，就是要坚持立德树人、以文化人，建设社会主义精神文明，培育和践行社会主义核心价值观，提高人民思想觉悟、道德水准、文明素养，培养能够担当民族复兴大任的时代新人。兴文化，就是要坚持中国特色社会主义文化发展道路，推动中华优秀传统文化创造性转化、创新性发展，继承革命文化，发展社会主义先进文化，激发全民族文化创新创造活力，建设社会主义文化强国。展形象，就是要推进国际传播能力建设，讲好中国故事、传播好中国声音，向世界展现真实、立体、全面的中国，提高国家文化软实力和中华文化影响力。[①]

今天，在中华民族走向伟大复兴的关键时期，全力完成好时代赋予的光荣使命任务，宣传思想文化工作就能更好促进全体人民在理想信念、价值理念、道德观念上紧紧团结在一起，为服务党和国家事业全局作出更大贡献。

一、举旗帜

旗帜就是信仰，旗帜就是方向，旗帜就是道路，旗帜就是使命。

---

① 习近平：《论党的宣传思想工作》，中央文献出版社2020年版，第339页。

第七讲 把"政治过硬、本领高强、求实创新、能打胜仗"作为宣传思想文化工作能力提升的任务目标

越是思想文化互相激荡、价值理念多元多样，越要在千帆竞发中立主导、在百舸争流中立主流。对于宣传思想文化工作来说，承担起"举旗帜"的使命任务，是基础中的基础、关键处的关键。习近平新时代中国特色社会主义思想，是闪耀真理光辉、凝结时代精华的当代中国马克思主义，是统揽推进"四个伟大"、实现民族复兴伟业的思想旗帜和行动指南，用这一思想的火炬，足以照亮一个古老民族的前进方向和精神家园。用这一思想武装全党、教育人民，是宣传思想文化战线最重要的政治责任、必须坚持不懈抓好的重大任务。

举旗帜，首先要深刻研究阐发中国共产党为什么能、中国特色社会主义为什么好、马克思主义为什么行等问题，以"鞋子论""两山论""笼子论"等精妙的比喻、生动的话语，阐释好中国制度的适应性，宣示制度反腐的路径，等等，把广大领导干部和人民群众武装起来，把科学理论转化为认识世界、改造世界的强大力量，才能在风险挑战面前站稳脚跟，在迅速变化的时代赢得主动，凝聚起推动中国号巨轮劈波斩浪的磅礴之力。

举旗帜，要让党的理论创新成果"飞入寻常百姓家"。大众化是理论掌握群众的必然要求，必须深刻把握内在规律，积极适应时代发展变化，不断增强宣传普及的亲和力、影响力。要从人民群众的生产生活实际、所思所想所盼出发，在分析现实、解剖问题中阐释理论，把理论逻辑转化为生活逻辑，把理论话语转化为百姓话语。要适应移动化、碎片化、图像化的信息传播趋势和接受习惯，坚持少而精、短而实、接地气，写活理论文章和通俗读物，改进电视理论节目和网上理论宣传，让思想的传播更潮、更靓、更富穿透力。

二、聚民心

实现中华民族伟大复兴正处于关键时期，统一思想、凝聚力量任务之艰巨前所未有。当前，中华民族伟大复兴展现出光明的前景，我国正处于大有可为的历史机遇期。我们党要团结带领人民实现党中央确定的战略目标，夺取中国特色社会主义新胜利，更加需要坚定自信、鼓舞斗志，更加需要同心同德、团结奋斗。但是，从意识形态领域看，思想文化相互激荡、价值观念多元多样，建设具有强大凝聚力和引领力的社会主义意识形态任务之艰巨前所未有。我国意识形态总体保持向上向好态势，但树欲静而风不止。各种思想观念多样杂陈，各种角色竞相发声，一些非马克思主义、反马克思主义的观点时有出现，"历史虚无主义"等错误思潮改头换面、更加隐蔽，托古讽今、指桑骂槐、恶搞经典、亵渎英雄，攻击否定党的创新理论和我们的政治制度，对主流意识形态形成干扰和冲击。主流价值观念受到侵蚀，拜金主义、享乐主义、极端个人主义滋生蔓延，一些领域道德失范，一些人唯利是图，一些作品"不求被鉴赏，但为博眼球"，屡屡突破公序良俗底线。一些别有用心的人恶意炒作经济社会热点，借机散布"经济悲观论""改革失效论""中国必输论"等错误观点，企图扰乱人心、干扰大局。

当前，新一轮科技革命带来传播格局深刻变革，改进创新宣传思想文化工作任务之艰巨前所未有。云计算、大数据、物联网、区块链、人工智能等快速发展，移动应用、社交媒体、问答社区、网络直播、聚合力平台、自媒体公众号等新应用新业态不断涌现，在更广泛范围推动着思想、文化、信息的传播和共享,媒体格局和舆论生态正在重塑。短视频、微博、微信、客户端等网络媒体具有跨时空、大容量、开放性、交互性、移动化等传播特点,日益成为信息传播的主渠道、主平台,对传统主流媒体主导作用形成冲击,甚至出现"报纸跟着网站跑、网站跟着公众号跑"的现象。商业传播平台成为主要信息入口,非公有制资本涌入新媒体领域跑马圈地、操纵舆论的迹象有所显现。网络舆论场异常复杂,真实的和虚假的、理性的和非理性的、正确的和错误的,各种舆论相互叠加,各种情绪相互感染,凝聚人心的任务更艰巨、责任更重大。

三、育新人

人是社会实践的主体,既被现实社会塑造,又在推动社会进步中实现自身发展。建设什么样的社会、实现什么样的目标,人是决定性因素。习近平总书记指出,宣传思想工作是做人的工作,要把培养担当民族复兴大任的时代新人作为重要职责,这就鲜明提出并深刻阐释了"育新人"这一使命任务,为宣传思想文化工作"培养什么样的人""怎样培养人"指明了立德树人、以文化人的实践方向。

育新人,要始终坚持以人民为中心的工作导向。坚持以民为本、以人为本,是宣传思想文化工作的出发点和落脚点。进入新时代,人民对美好生活的向往是我们的奋斗目标,我们必须既要解决实际问题又要解决思想问题,必须推动人的全面发展、社会全面进步,必须引领广大人民坚定信心、强化自觉、提升素质,投身到民族复兴伟业中。

育新人,要始终以坚定的理想信念筑牢精神之基。努力坚定全社会对马克思主义的信仰，对社会主义和共产主义的信念，对中国特色社会主义道路、理论、制度、文化的自信。只有在全体人民特别是青少年中加强理想信念教育，深化社会主义和共产主义宣传教育，深化中国特色社会主义和中国梦宣传教育，弘扬以爱国主义为核心的民族精神和以改革创新为核心的时代精神，才能让理想信念的明灯闪亮在全国人民心中。

育新人，要发挥社会主义核心价值观的关键引领作用。核心价值观是一个民族赖以维系的精神纽带，是一个国家共同的思想道德基础，是文化软实力的灵魂、文化软实力建设的重点。培育和弘扬核心价值观，有效整合社会意识，是社会系统得以正常运转、社会秩序得到有效维护的重要途径。要在全社会大力弘扬和践行社会主义核心价值观，通过教育引导、舆论宣传、文化熏陶、实践养成、制度保障等，使之像空气一样无处不在、无时不有，成为全体人民的共同价值追求、自觉追求。

四、兴文化

文化是一个国家、一个民族的灵魂。文化兴国运兴，文化强民族强。中华民族的伟大复兴，不仅要在经济发展上创造奇迹，也要在精神文化上书写辉煌。

兴文化，必须坚持社会主义先进文化前进方向。要始终把社会效益放在首位，举精神之旗、立精神支柱、建精神家园。要引导文艺工作者树立正确的历史观、民族观、国家观、文化观，自觉讲品位、讲格调、讲责任，自觉遵守国家法律法规，加强道德品质修养，坚决抵

第七讲 把"政治过硬、本领高强、求实创新、能打胜仗"作为宣传思想文化工作能力提升的任务目标

制低俗庸俗媚俗，用健康向上的文艺作品和做人处事陶冶情操、启迪心智、引领风尚。要繁荣发展网络文艺，推出更多健康优质的网络文艺作品，形成积极向上的网络审美情趣，更好满足人们多元多样的文化需求。要引导广大文化文艺工作者深入生活、扎根人民，把提高质量作为文艺作品的生命线，用心用情用功抒写伟大时代，不断推出讴歌党、讴歌祖国、讴歌人民、讴歌英雄的精品力作，书写中华民族新史诗，成就新时代文艺创作的新辉煌。

兴文化，必须深化改革鼓励创新。改革是文艺繁荣、文化发展的动力所在。党的十八大以来，在以习近平同志为核心的党中央坚强领导下，宣传思想文化战线高举改革旗帜、锐意攻坚克难，推动文化体制改革不断深化，取得一批开拓性、引领性、标志性的创新成果，促进文化事业和文化产业蓬勃发展，开创了社会主义文化建设新局面。进入新时代，坚定不移将文化体制改革引向深入，完善文化管理体制，创新生产经营机制，壮大各类文化市场主体，培育新型文化业态和文化消费模式，必将不断激发文化创新创造活力，以高质量文化供给增强人们的文化获得感、幸福感，书写建设社会主义文化强国的新篇章。

兴文化，必须更好满足人民精神文化生活新期待。随着经济社会发展，人们对公共文化服务提出了更高要求，加快构建现代公共文化服务体系、提升服务质量势在必行。在文化事业方面，要推动公共文化服务标准化、均等化，坚持政府主导、社会参与、重心下移、共建共享，完善公共文化服务体系，提高基本公共文化服务的覆盖面和适用性，打通公共文化服务"最后一公里"，让广大人民群众享受到更多优质公共文化服务。

五、展形象

一个大国发展兴盛，必然要求文化影响力大幅提升，实现软实力和硬实力相得益彰。随着中国日益走近世界舞台中央，中国与世界深度融合、相互激荡，讲好中国故事，传播好中国声音，向世界展现真实、立体、全面的中国，是宣传思想文化战线的重要使命任务。

中国特色社会主义进入新时代，国际社会对中国发展的关注、认同与日俱增，但"中国威胁论""中国崩溃论"等噪音杂音依然存在。传播力决定影响力，话语权决定主动权。完善国际传播工作格局，创新宣传理念、创新运行机制，汇聚更多资源力量，我们就能让中华文化更好走向世界，让世界更好了解中国，为实现第二个百年奋斗目标和中华民族伟大复兴的中国梦营造良好国际舆论环境。

讲好中国故事，要用好丰富资源。上下五千年，纵横九万里，我们拥有讲好中国故事的丰富资源。党的十八大以来，全面深化改革风生水起，全面从严治党激浊扬清，中国经济发展亮点纷呈，中国与世界的互利合作不断推进，亿万中国人民埋头苦干，为讲好中国故事提供了更多更新的鲜活素材。讲好中国故事，就是要主动宣介习近平新时代中国特色社会主义思想，主动讲好中国共产党治国理政的故事、中国人民奋斗圆梦的故事、中国坚持和平发展合作共赢的故事，加深世界对中国共产党执政理念的了解，增强各国对当代中国改革发展的认识，生动展现一个和平发展、多姿多彩、文明进步的中国。中华民族在几千年历史中创造和延续的中华优秀传统文化，是中华民族的根和魂，也是我们最深厚的文化软实力。把中华优秀传统文化的精神标

第七讲　把"政治过硬、本领高强、求实创新、能打胜仗"作为宣传思想文化工作能力提升的任务目标

识提炼出来、展示出来，把中华优秀传统文化中具有当代价值、世界意义的文化精髓提炼出来、展示出来，我们就能启人入"道"、引人悟"道"，更加有效地传播中国理念，促进文明交流互鉴。

讲好中国故事，要积极改革创新。要积极创新宣传理念、话语体系、运行机制，拓展传播渠道、方式方法，提高专业化精准化水平，完善国际传播工作格局，汇聚更多资源力量，把"我们想讲的"变成"受众想听的"，把"受众想听的"融进"我们想讲的"，让外宣工作更具创造力、感召力、影响力。要围绕国际社会关注的问题，主动宣介习近平新时代中国特色社会主义思想，主动讲好中国共产党治国理政的故事、中国人民奋斗圆梦的故事、中国坚持和平发展合作共赢的故事，让世界更好了解中国。同时，要采用外国人听得懂、易接受的话语体系和表述方式生动鲜活讲，贴近中国实际、贴近国际关切、贴近国外受众入情入理讲，平等待人、虚怀若谷、真诚亲和讲。

讲好中国故事，要用好中华文化。中华优秀传统文化是中华民族的文化根脉，其蕴含的思想观念、人文精神、道德规范，不仅是我们中国人思想和精神的内核，对解决人类问题也有重要价值。推动中华优秀传统文化走出去，不能停留在舞个狮子、包个饺子、耍套功夫上，不能满足于向国外提供一些表层的文化符号上，关键是要把中华优秀传统文化的精神标识提炼出来、展示出来，把中华优秀传统文化中具有当代价值、世界意义的文化精髓提炼出来、展示出来。同时，提升中华文化影响力不能厚古薄今，更要注重展示当代中国的发展进步、当代中国人的精彩生活，推动反映当代中国发展进步的价值理念、文艺精品、文化成果走向海外，既要入乡随俗又要入情入理，努力进入主流市场、影响主流人群。

第八讲

把提升宣传思想文化工作能力作为一项基础性、战略性工程来抓

● ● ● ● ● ●

宣传思想文化战线的素质提升是一项基础性、战略性工作。宣传思想文化战线工作者应该成为马克思主义的理论骨干，应该坚定社会主义和共产主义的理想信念，坚持正确政治方向，深刻领悟"两个确立"的决定性意义，增强"四个意识"、坚定"四个自信"、做到"两个维护"，始终同党中央保持高度一致。同时，要努力学习和掌握党在新的实践中形成的体现宣传思想文化工作规律性的新观点、新论断，并在工作中加以坚持。

第八讲　把提升宣传思想文化工作能力作为一项基础性、战略性工程来抓

第一节　推动宣传思想文化工作队伍素质能力有一个大的提升

习近平总书记指出，新形势下宣传思想工作要在坚持正确政治方向的前提下，在基础性、战略性工作上下功夫，在关键处、要害处下功夫，在工作质量和水平上下功夫。①队伍建设，始终是我们党的一项基础性、战略性工作。增强"四力"教育实践，为宣传思想文化战线提高站位、夯实基础、开创工作新局面指明了方向、提供了遵循。要把增强"四力"、提升本领作为一项基础性、战略性工程来抓，推动宣传思想文化工作队伍素质能力有一个大的提升。

一、这是提升宣传思想文化工作队伍素质能力的内在要求

增强"脚力、眼力、脑力、笔力"，是一个表述生动、内涵丰富、

---

① 习近平：《论党的宣传思想工作》，中央文献出版社2020年版，第337页。

相互联系、相互促进的有机整体，是新时代宣传思想文化工作队伍综合素质、能力水平、精神风貌的集中体现，涵盖了宣传思想文化工作者所应具备的政治素质、理论素养、业务能力、工作作风。"纸上得来终觉浅，绝知此事要躬行。"脚力，就是坚持实事求是，扑下身子、沉到一线，到群众中去、到实践中去，把情况问题摸清楚，把好招实招提出来。增强脚力，就是要增强群众思维、实践思维，践行党的宗旨、坚持实践第一，大兴调查研究之风，做到走得正、走得实、走得久。"涉浅水者见虾，其颇深者察鱼鳖，其尤甚者观蛟龙。"眼力，就是分析能力、辨别能力、判断能力，是做好宣传思想文化工作的基本功。增强眼力，就是要增强政治思维、战略思维，坚持围绕中心、服务大局，善于运用马克思主义的立场、观点、方法来观察事物、辨析问题，炼就去伪存真、去粗取精的"火眼金睛"，做到看得清、看得透、看得远。"善其谋而后动，成道也。"脑力，是思想水平、政治水平、理论水平的集中体现，在"四力"中居于统领地位。宣传思想文化工作本质上属于脑力劳动，需要宣传思想文化工作者不断增强脑力，既见人之所见，亦见人之未见。增强脑力，就是要增强历史思维、辩证思维，坚持正确导向，保持清醒坚定，多思善谋、综合研判，做到想得全、想得细、想得深。当好宣传思想文化工作者，说到底要靠笔力。脚力、眼力、脑力，最终都反映在笔力上。笔力足，创作的作品才能既有思想深度，又有情感厚度；既有知识广度，又有精神高度，才能让人听得进、记得住、传得开。增强笔力，就是要增强受众思维、创新思维，坚持固本培元、守正创新，坚持解放思想、实事求是，强化问题意识、突出效果导向，做到写得好、说得好、演得好。

二、这是推动宣传思想文化工作队伍强起来的必由之路

宣传思想文化工作队伍强起来,必须政治过硬、本领高强、求实创新、能打胜仗。增强"四力"教育实践,根本在于提高政治能力,关键在于增强专业本领,紧要在于锐意创新创造,基础在于锤炼优良作风。增强"四力"的过程,就是宣传思想文化战线自我锻炼、自我提高、自我升华的过程。宣传思想文化战线只有在实践"大熔炉"里经磨砺、受锤炼,才能洗尽铅华、褪尽浮尘,在思想上、政治上、业务上、作风上强起来。宣传思想文化工作队伍强起来,首要的是增强政治把握能力。严肃党内政治生活,严明政治纪律和政治规矩,严守党的宣传纪律,切实增强政治敏锐性和政治鉴别力,以实际行动和实际成效坚决维护习近平总书记党中央的核心、全党的核心地位,坚决维护党中央权威和集中统一领导,以真挚情感和真抓实干向习近平总书记对标看齐、向党中央对标看齐。宣传思想文化工作队伍强起来,关键是提升业务本领。围绕正在做的事情,解决工作中的一些突出问题,补齐工作短板,不断提高把握正确方向导向的能力、巩固壮大主流思想文化的能力、强化意识形态阵地管理的能力、加强网上舆论宣传和斗争的能力、处理复杂问题和突发事件的能力,争做岗位上的行家里手、领域里的专门家。针对不同层次、不同行业、不同年龄段群体的思想特点、行为规律、文化需求、接受习惯等,创新内容和形式,改进方式和方法,更好地强信心、聚民心、暖人心、筑同心。宣传思想文化工作队伍强起来,基础的是改进工作作风。严格贯彻落实中央八项规定精神,坚决反对"四风"特别是形式主义、官僚主义,突

出"实"、力戒"虚",实打实、硬碰硬地推进工作。坚持不懈改文风,提倡短实新、反对假长空,多讲实话家常话,少讲套话场面话,多一些平实务实切实,少一些过度铺陈渲染,力求清新朴实、生动鲜活,让群众听得懂、听得进。

三、这是承担起举旗帜聚民心育新人兴文化展形象使命任务的必然要求

开展增强"四力"教育实践,目的是把宣传思想文化工作队伍建设好、建设强,把宣传思想文化工作使命任务担起、担好,更好推动宣传思想文化事业高质量发展。要看到,我国已经踏上了全面建设社会主义现代化国家新征程,经济发展进入新常态,改革进入深水区,我国经济在保持总体形势向好的同时,也面临诸多矛盾叠加、各种风险隐患交汇、外部环境复杂严峻的挑战,经济运行稳中有变、变中有忧。贯彻好稳中求进工作总基调,坚持新发展理念,坚持推动高质量发展,坚持以供给侧结构性改革为主线,坚持深化市场化改革、扩大高水平开放,落实好稳增长、促改革、调结构、惠民生、防风险各项任务,保持经济持续健康发展和社会大局稳定,尤其需要统一思想、凝聚共识、坚定信心,提振全党全国干事创业的精气神。同时,新形势下的宣传思想文化工作进入了守正创新阶段,面临的任务之艰巨"四个前所未有",即统一思想、凝聚力量任务之艰巨前所未有,增强国际话语权、提升国家文化软实力任务之艰巨前所未有,建设具有强大凝聚力和引领力的社会主义意识形态任务之艰巨前所未有,改进创新宣传思想文化工作任务之艰巨前所未有。越是面临艰巨任务,越需要在政治、思

第八讲　把提升宣传思想文化工作能力作为一项基础性、战略性工程来抓

想、能力、作风等各方面进一步增强，做到敢于担当、善于作为。

全面增强"四力"，对于推动宣传思想文化战线在政治上强起来、工作上强起来，更好承担起新时代宣传思想文化工作的使命任务，凝聚砥砺奋进新时代、同心共筑中国梦的磅礴力量，具有十分重要的意义。广大宣传思想文化工作者应提高思想认识、增强行动自觉，在抓常抓细抓长上下功夫、求实效。一是坚持领导带头。以高度的政治责任感使命感，把增强"四力"教育实践工作摆在突出位置，加强领导、精心组织、周密部署，逐级负责、层层落实。要成立增强"四力"教育实践工作领导小组，统一指导和协调教育实践工作；组建工作机构和工作专班，承担具体联络协调工作；结合各自实际，制订具体工作方案。主要负责同志要亲自抓、负总责，深入一线、靠前指挥，分管领导专门抓、负直接责任，班子成员"一岗双责"，结合分管工作对相关领域和部门单位加强指导，一级抓一级、层层传导压力，推动教育实践工作往深里做、往实里做。二是坚持统筹兼顾。要坚持统筹协调、合理安排，将教育实践工作与宣传思想文化战线干部人才队伍教育培训结合起来，与推动宣传思想文化事业发展结合起来，努力把教育实践工作的成果转化为做好宣传思想文化工作的强大动力。三是坚持常态开展。在"长""常"二字上下功夫，切实把教育实践工作融入日常、抓在经常、形成长效。突出问题导向、成果导向、效果导向，把教育实践的过程作为发现问题、开拓创新、改进工作的过程，作为拓展眼光视野、丰富实践经验、提高能力素养的过程。加强工作交流和经验总结，及时发掘先进典型，推广成功经验，发挥好榜样的引领和激励作用。强化制度保障，把教育实践工作纳入意识形态工作责任制考核检查内容，确保教育实践工作取得实实在在的成效。

第二节　把解决思想上、能力上、作风上的问题同解决实际工作中的问题结合起来

教育实践是为了解决问题，这是衡量工作成效的重要标准。开展增强"四力"教育实践工作，必须强化问题导向，坚持以问题为牵引，建立查找解决问题的长效机制，推动思想、能力、作风上的问题和实际问题一起解决，新问题和老问题一起解决，个性问题和共性问题一起解决。

一、坚持问题导向

坚持问题导向是马克思主义的理论品格和根本要求。马克思主义经典作家和我们党的领袖都是运用"问题论"的大师。马克思提出："问题就是时代的口号，是它表现自己精神状态的最实际的呼声。"正是在认识和把握资本主义经济危机等时代问题的基础上，马克思创造性地提出了剩余价值理论，揭示了资本主义发展的历史规律，为全世

界无产阶级认识世界和改造世界提供了科学的思想武器。中国共产党在革命、建设、改革时期，都是为了解决中国的现实问题。毛泽东指出，问题就是事物的矛盾，哪里有没有解决的矛盾，哪里就有问题。实践发展永无止境，矛盾运动永无止境，旧的问题解决了，又会产生新的问题。毛泽东思想就是在回答如何在中国这样一个经济文化落后的国家通过武装斗争夺取政权、进行社会主义革命、开展社会主义建设等问题的过程中形成的。邓小平一贯强调凡事都要落到实处，开会讲话都要解决问题。邓小平理论就是围绕"什么是社会主义，怎样建设社会主义"这个基本问题，把马克思主义基本原理同当代中国实际和时代特征相结合而创立的。

坚持问题导向是党的十八大以来党中央治国理政的鲜明特色。人类认识世界和改造世界的过程就是发现问题、解决问题的过程。纵观人类发展历史，一切发展进步无不是在破解时代问题中实现的。发现问题、研究问题、解决问题，始终是推动一个国家、一个民族向前发展的重要动力。党的十八大以来，以习近平同志为核心的党中央坚持问题导向，以巨大的政治勇气和强烈的责任担当，统筹推进"五位一体"总体布局，协调推进"四个全面"战略布局，树立和落实新发展理念，推进国家治理体系和治理能力现代化，推进供给侧结构性改革，落实总体国家安全观，建设人类命运共同体，推进"一带一路"建设，深化国防和军队改革，等等。正是以化解矛盾、解决问题为目标任务进行开拓性、创造性工作，才解决了许多长期想解决而没有解决的难题，办成了许多过去想办而没有办成的大事，使党和国家事业取得历史性成就、发生历史性变革。

坚持问题导向需要坚持底线思维、保持斗争精神。"为有牺牲多壮志,敢教日月换新天。"敢于担当、敢于斗争,是共产党人鲜明的政治品格。今天在全面建设社会主义现代化国家、全面推进中华民族伟大复兴的关键时期,我们面临百年未有之大变局,国际形势云谲波诡、周边环境复杂敏感、改革发展稳定任务艰巨繁重,我们正处于"船到中流浪更急,人到半山路更陡"的关键时期。矛盾风险相互交织相互作用。如何保持经济持续健康发展、社会大局稳定,就必须如履薄冰、防微杜渐,坚持底线思维,保持斗争精神。发扬斗争精神,就要有直面问题矛盾的勇气、"在困难面前逞英雄"的豪气、啃硬骨头挑重担的担当、逢山开路遇水架桥的干劲。唯有以充沛顽强的斗争精神奋勇搏击、披荆斩棘,才能攻克新征程上的"娄山关""腊子口",不断夺取新时代伟大斗争的新胜利。坚持问题导向需要掌握事物矛盾运动的基本原理。《易经·系辞上》讲"一阴一阳之谓道"。中国人很早就认识到矛盾的存在。恩格斯说:"运动本身就是矛盾。"毛泽东讲:"不论是简单的运动形式,或复杂的运动形式,不论是客观现象,或思想现象,矛盾是普遍地存在着,矛盾存在于一切过程中。"矛盾是事物联系的实质内容和事物发展的根本动力,人的认识活动和实践活动,从根本上说就是不断认识矛盾、不断解决矛盾的过程。问题是矛盾的外化,是事物内在矛盾运动的外在呈现。矛盾无时不在、无处不有,问题也无时不在、无处不有。坚持问题导向,就是承认矛盾的普遍性、客观性,善于把认识和化解矛盾作为打开工作局面的突破口。当前,我国已经进入发展关键期、改革攻坚期、矛盾凸显期,我们面临的矛盾更加复杂,既有过去长期积累而成的矛盾,也有在解决旧矛盾过程中新产生的矛盾,大量的还是随着形势环境变化新出现的矛盾。这些矛盾许多是这个发展阶段必然出现的,是躲不开也绕不过去的。积极面对矛盾、解决矛盾,还要注意把握好主要矛盾和次要矛盾、矛盾的主要方面和次要方面的关系。"秉纲而目自张,执本而末自从。"面对复杂形势和繁重任务,首先要有全局观,对各种矛盾做到心中有数,同时又要优先解决主要矛盾和矛盾的主要方面,以此带动其他矛盾的解决。党的十八大以来,党中央既对全面建成小康社会作出全面部署,又强调"小康不小康,关键看老乡";既对全面深化改革作出顶层设计,又强调突出抓好重要领域和关键环节的改革;既对全面推进依法治国作出系统部署,又强调以中国特色社会主义法治体系为总目标和总抓手;既对全面从严治党提出系列要求,又把党风廉政建设作为突破口,着力解决人民群众反映强烈的"四风"问题,着力解决不敢腐、不能腐、不想腐的问题。实践证明,在任何工作中,既要讲两点论,又要讲重点论,否则是做不好工作的。

二、善于发现问题

矛盾无处不在,问题无时不有。但问题不是简单直观地摆在事物表面,需要深入思考、精心调查、潜心研究,才能觉察和发现。面对纷繁复杂的国内外形势,要学会在国际国内相互联系中发现问题,形成既符合世界发展潮流又符合我国发展阶段性特征的发展战略;在改革发展实践中发现问题,结合各地区各部门实际,创造性地贯彻落实党中央决策部署;在总结经验教训中发现问题,深入思考并及时发现事业进程中的新情况、新苗头,由此全面把握矛盾,掌握解决问题的主动权。发现问题是前提,正确分析问题更见功力。坚持用辩证唯物主义和历史唯物主义方法,具体问题具体分析,弄清楚哪些是体制机

| 守正创新　新时代宣传思想文化工作能力提升八讲

制弊端造成的问题，哪些是工作责任不落实造成的问题，哪些是条件不具备一时难以解决的问题；透过现象看本质，从繁杂问题中把握事物的规律性，从苗头问题中发现事物的倾向性，从偶然问题中揭示事物的必然性。在"四力"教育实践中，要把解决思想上、能力上、作风上的问题同解决实际工作中的问题结合起来，就必须把问题找准、理清，准确发现、正确分析。

对标习近平新时代中国特色社会主义思想，善于发现思想上的问题。宣传思想文化战线要强起来，讲政治是第一位要求，忠诚可靠是第一位标准。宣传思想文化工作是政治工作，宣传思想文化部门是政治部门，大事小情都要讲政治。必须清醒看到，在思想上，宣传战线和全党大形势一样，思想不纯的问题还没有得到根本解决，一些党组织和领导干部忽视政治、淡化政治、不讲政治的问题还比较突出。如有的对党中央重大决策部署不敬畏、不在乎、喊口号、装样子，上有政策、下有对策，有令不行、有禁不止；有的不信马列信鬼神、不信真理信金钱，做两面人、搞两面派；有的政治上不清醒、不坚定，对挑战政治底线的错误言论和不良风气听之任之，甚至在言行上违反政治纪律和政治规矩；有的遇事不担当、不作为，却特别"擅长"空泛表态、应景造势、敷衍塞责、出工不出力；有的在正风反腐高压态势下依然不收敛、不收手，还故意制造一些噪音杂音，企图混淆视听。

政治上的坚定源自理论上的清醒。思想、政治上的问题，必须坚持用党的科学理论武装头脑，深入学习贯彻习近平新时代中国特色社会主义思想，深刻领悟"两个确立"的决定性意义，增强"四个意识"、坚定"四个自信"、坚决做到"两个维护"，坚决反对各种歪曲、篡改、否定马克思主义的错误思想，坚决同一切违背、歪曲、否定党的政治

第八讲　把提升宣传思想文化工作能力作为一项基础性、战略性工程来抓

路线的言行作斗争，坚决防止和纠正一切偏离"两个维护"的错误言行，决不搞任何形式的"低级红""高级黑"。

对标"四力"要求和八种本领，发现能力上的问题。习近平总书记强调，宣传思想部门工作要强起来，首先是领导干部要强起来，班子要强起来，在理论上、笔头上、口才上或其他专长上有"几把刷子"，会使"十八般兵器"，真正成为让人信服的行家里手；要跟上时代节拍，不断掌握新知识、熟悉新领域、开拓新视野，增强"八种本领"。

对标习近平总书记的重要讲话精神，宣传思想文化工作队伍在能力上还有许多提升空间。从形势任务来看，新时代新形势新使命新技术对宣传思想文化工作队伍提出了更高的要求，既要有过硬的思想政治素质又要有比较高的专业能力和水平，既要有比较深厚的积淀和宽广的知识面又要持续更新、不断升级，既要有从理论上认识问题的能力又要有在实践中谋划推动工作的本领，但是不适应、跟不上的情况还比较普遍，"本领恐慌"的问题日益凸显。从队伍稳定上看，宣传思想文化领域体制内人才流失明显上升，突出表现在新闻媒体和基层单位。如随着非公有制新兴媒体的冲击和人才抢夺，国有传统媒体正处于改革融合、转型升级的爬坡过坎阶段，许多优秀人才向体制外、其他行业跳槽。如中西部特别是基层、贫困地区，高端人才引不来、优秀人才留不住、后备人才储备不足，好的苗子培养出来就"另谋高就"，特别是机构改革后，基层宣传思想文化工作机构和队伍明显压缩，青黄不接、人才断层的现象有所增加。

解决能力上的问题，关键在增强"四力"教育实践上下功夫，广泛开展大学习、大研讨、大练兵。坚持干什么就学什么、缺什么就补什么，既刻苦钻研、精益求精，努力做岗位上的好把式、领域里的专

门家，又广泛涉猎、博采众长，努力练就"多功能"、成为"多面手"，切实提高政治能力和专业本领，特别是增强把握正确方向导向的能力、巩固壮大主流思想文化的能力、强化意识形态阵地管理的能力、加强网上舆论宣传和斗争的能力、处理复杂问题和突发事件的能力。

对标党的优良作风，发现作风上的问题。宣传思想文化工作是群众工作，有没有良好作风直接决定着工作的效果和水平。宣传思想文化战线增强"四力"，要始终坚持和自觉践行党的群众路线，力戒形式主义、官僚主义，切实改进文风，大兴调查研究之风，不断深化作风养成、强化作风锤炼。

党的十八大以来，从制定和执行中央八项规定开始，全党上下作风建设取得重大成效，但形式主义、官僚主义在一定程度上仍然存在，如一些领导干部调研走过场、搞形式主义，调研现场成了"秀场"；一些单位"门好进、脸好看"，就是"事难办"；一些地方注重打造领导"可视范围"内的项目工程，"不怕群众不满意，就怕领导不注意"；有的地方层层重复开会，用会议落实会议；部分地区写材料、制文件机械照抄，出台制度决策"依葫芦画瓢"；一些干部办事拖沓敷衍、懒政庸政怠政，把责任往上推；一些地方不重实效重包装，把精力放在"材料美化"上，搞"材料出政绩"；有的领导干部热衷于将责任下移，"履责"变"推责"；有的干部知情不报、听之任之，态度漠然；有的干部说一套做一套、台上台下两个样。

作风建设永远在路上。在教育实践中，宣传思想文化战线各单位要紧密结合思想和工作实际，把自己摆进去、把工作摆进去，认真查找形式主义、官僚主义的具体表现，剖析原因、找准症结，下大决心大气力纠正问题、改进工作。突出"实"、力戒"虚"，坚持实事求是、

第八讲　把提升宣传思想文化工作能力作为一项基础性、战略性工程来抓

求真务实，坚持一切从实际出发，杜绝套路化、模式化，杜绝表面文章、花架子、走过场。

三、做好全面结合文章

队伍建设说到底是为中心工作服务的，抓"四力"教育实践工作只有与中心工作深度融合、与正在做的事情有机衔接，融入日常、抓在经常，突出效果导向，把解决思想上、能力上、作风上的问题同解决实际工作中的问题结合起来，坚持两手抓、做到两促进，防止"空对空""两张皮"，才能取得实实在在的成效。

坚持实事求是，善于发现工作中的问题。新形势下，宣传思想文化工作进入了守正创新的重要阶段，新的使命任务对宣传思想文化工作提出了许多新要求，必须善于发现、研究、解决工作中的问题。比如，在理论武装方面，还存在理论学习走过场，不重原著原文、学悟结合不紧；理论普及上下一般粗、城乡一个调，理论宣传与现实脱节、宣传话语与百姓话语不兼容等；理论研究从理论到理论，与中心工作贴得不紧，对现实问题和群众关切回应不够等。在意识形态工作方面，还存在思想认识不够、重视不足、主动性不强，责任传导不紧、层层有所递减，阵地管理不强、"跑冒滴漏"，一些农村非法宗教渗透活动还时有发生等。在新闻宣传方面，有的主题宣传存在排浪式、大呼隆的现象，有的典型宣传用语过满，有的政策解读"只读不解"，有的融媒体中心"加"而不"融"，有的地方和单位面对突发事件和负面舆情，第一反应就是封、堵、删，而不去想怎样解决问题本身。在培育和践行社会主义核心价值观方面，有的宣传教育面上的概念灌输、

总体要求较多，形象化、艺术化、生活化不强；如何把核心价值观融入社会治理，融入经济社会政策制定，嵌入人们的生产生活还缺乏精细度；有的群众性精神文明创建重硬件、轻软件，重面子、轻里子。在文化建设方面，文艺高原有限、文艺高峰稀缺，庸俗、媚俗、低俗的作品还大量存在，现代公共文化服务体系还没有完全建立，村（社区）等基层公共文化设施利用效能偏低，文化产品有效供给不足，"好不好、精不精"的问题日益凸显，文化产业总体规模不大、竞争力不够强等。

坚持创新创造，善于打开工作新局面。做好宣传思想文化工作最需要创新力。新形势下的宣传思想文化工作要更好地强信心、聚民心、暖人心、筑同心，比任何时候都更加需要创新。要立足工作实际，紧跟时代步伐、大胆解放思想、勇于破解难题，在坚守正道中发展事业，在改革创新中开创新局。一是在围绕中心、服务大局上求突破。围绕深入贯彻落实习近平新时代中国特色社会主义思想特别是习近平文化思想，深入实施高质量发展、全面深化改革开放、建设现代化经济体系、促进区域城乡协调发展、保障和改善民生等重点工作，自觉为中心任务助力，为全局工作添彩。二是在把握大势、运用规律上求突破。紧跟时代步伐、贴近时代要求，积极探索和遵循新形势下思想舆论引导、意识形态工作、精神文明创建、文艺创作、网络信息生产传播、群众工作等规律，切实增强把握大势、运用规律的本领，推动宣传思想文化工作更好体现规律性、增强时代性、富于创造性。三是在创新理念、总结经验上求突破。保持思想的敏锐性和开放度，敢于打破思维定势和路径依赖，不断研究新情况，提出新思路。加强经验总结，主动向实践学习、向基层学习、向群众学习，善于从各领域各方面的

第八讲　把提升宣传思想文化工作能力作为一项基础性、战略性工程来抓

创新做法和基层创造的新鲜经验中拓展新视野、形成新理念、探索新路径，不断提高总结经验、提炼认识、推动工作的能力。

坚持常态开展，增强工作实效。把教育实践工作融入日常、抓在经常、形成长效，必须加强组织实施。要切实提高思想认识，以高度的政治责任感使命感，把增强宣传思想文化工作队伍能力摆在突出位置，加强领导、精心组织、周密部署，逐级负责、层层落实。要结合各自实际，制订具体工作方案，成立专门工作机构，主要负责同志要亲自抓、负总责，深入一线、靠前指挥，逐级压实责任，推动教育实践工作往深里做，往实里做。要把教育实践工作纳入意识形态工作责任制考核检查内容，强化督促落实，确保教育实践工作取得实实在在的成效。必须注重分类推进。各地各部门既要按照党中央统一部署，又要结合自身实际，针对理论、新闻、文艺、出版、外宣、网信以及精神文明等不同领域，进一步丰富内容、设计载体、创新方式，组织开展既体现原则要求又各具特色有效管用的教育实践活动。要坚持统筹协调、合理安排，将教育实践工作与"两学一做"学习教育、"不忘初心、牢记使命"主题教育、党史学习教育、学习贯彻习近平新时代中国特色社会主义思想主题教育、党纪学习教育、深入贯彻中央八项规定精神学习教育结合起来，与宣传思想文化战线干部人才队伍学习培训工作结合起来，与推动宣传思想文化事业发展结合起来，努力把教育实践工作的成果转化为做好宣传思想文化工作的强大动力。必须开展实践锻炼。通过举办系列实践锻炼活动，努力在实践中增强能力，提升本领。围绕建设文化强国、县级融媒体中心建设、新时代文明实践中心建设、意识形态工作守正创新，解决工作中的一些突出问题，补齐工作短板。立足于强信心、聚民心、暖人心、筑同心，针对

不同层次不同行业、不同年龄段群体的思想特点、行为规律、文化需求、接受习惯等，改进主题宣传、形势宣传、政策宣传、成就宣传、典型宣传，更好地激励群众、教育群众、服务群众、团结群众。必须建立长效机制。建立理论学习成效检验机制，定期开展理论学习成效检验活动。建立全员培训机制，按照工作要求，结合工作重点，制订年度培训计划，分级分类确定培训项目，分级负责、分类实施，统筹推进。建立常态化调研工作机制，实施领导干部调研联系点制度，健全年度课题策划、领题调研、推出成果、转化运用的运行机制。建立新时代文明实践活动常态化工作机制，推动所属宣传思想文化工作者全部注册为文明实践志愿服务者，参与实践活动情况记入文明实践志愿服务数据库。建立考核检查机制，把教育实践工作纳入意识形态工作责任制考核检查内容，确保取得实实在在的成效。

第八讲　把提升宣传思想文化工作能力作为一项基础性、战略性工程来抓

第三节　切实加强党对宣传思想文化工作的全面领导

党政军民学，东西南北中，党是领导一切的。中国共产党是中国特色社会主义事业的坚强领导核心，是最高政治领导力量，各个领域、各个方面都必须坚定自觉坚持党的领导。宣传思想文化工作是一项极端重要的工作，必须切实加强党对宣传思想文化工作的全面领导。

一、中国共产党领导是中国特色社会主义最本质的特征

中国特色社会主义最本质的特征是中国共产党领导，中国特色社会主义制度的最大优势是中国共产党领导，中国共产党是最高政治领导力量。坚持党对一切工作的领导是由我们党的性质决定的。中国共产党是中国工人阶级的先锋队，同时是中国人民和中华民族的先锋队，是中国特色社会主义事业的坚强领导核心。我们党始终高举马克思主义伟大旗帜，把实现社会主义、共产主义作为奋斗目标，历经革

命、建设和改革的锤炼，已经锻造为成熟的马克思主义政党。正是有了这一先进成熟政党的领导，才形成了中国特色社会主义道路、理论、制度、文化。如果弱化党的领导，甚至放弃党的领导，党的执政地位就会丢失，中国特色社会主义性质就会改变，中国人民接续奋斗取得的伟大成就也会毁于一旦。中国特色社会主义是党领导人民经过长期探索取得的根本成就，也只有在党的领导下才能不断向前发展。要从根本上保证中国特色社会主义不变色、不变质，必须毫不动摇地坚持党的领导。

坚持党对一切工作的领导是历史和人民的选择。邓小平同志指出："在中国这样的大国，要把几亿人口的思想和力量统一起来建设社会主义，没有一个由具有高度觉悟性、纪律性和自我牺牲精神的党员组成的能够真正代表和团结人民群众的党，没有这样一个党的统一领导，是不可能设想的，那就只会四分五裂，一事无成。"[①] 在近代以后中国社会的剧烈运动中，在中国人民反抗封建统治和外来侵略的激烈斗争中，在马克思列宁主义同中国工人运动的结合过程中，1921年中国共产党应运而生。中国共产党一经成立就义无反顾肩负起带领人民谋求民族独立、人民解放和实现国家富强、人民幸福的历史重任。在革命、建设、改革的历史进程中，正是人民选择了中国共产党，中国彻底结束了半殖民地半封建社会的历史，完成了中华民族有史以来最为广泛而深刻的社会变革，开启了改革开放新的伟大革命，开辟了中国特色社会主义道路，取得了社会主义现代化建设的伟大成就。历史的轨迹清晰表明，没有共产党，就没有新中国；没有共产党，就没

---

① 《邓小平文选》第二卷，人民出版社1994年版，第341—342页。

有中华民族从站起来到富起来再到强起来。这是中国人民从长期奋斗中得出的最基本的结论。

坚持党对一切工作的领导是实现中华民族伟大复兴的根本保证。中国共产党人的初心和使命，就是为中国人民谋幸福，为中华民族谋复兴。100多年来，为了实现中华民族伟大复兴的历史使命，我们党初心不改、矢志不渝，团结带领人民历经千难万险，付出巨大牺牲，取得了一个又一个伟大斗争的胜利。实践证明，坚持和加强党的全面领导，是党和国家的根本所在、命脉所在，是全国各族人民的利益所在、幸福所在，是战胜一切困难和风险的"定海神针"。今天，中国比历史上任何时期都更接近、更有信心和能力实现中华民族伟大复兴的目标。同时要看到，在实现民族复兴的伟大征程上，不知还要爬多少坡、过多少坎，经历多少风风雨雨、克服多少艰难险阻。完成艰巨光荣的历史使命，战胜前进道路上的风险挑战，从根本上要靠党的全面领导，靠党把好方向盘。

二、以党的政治建设为统领抓好宣传思想文化战线党的建设

党的政治建设是党的根本性建设，决定党的建设方向和效果。宣传思想文化工作承担着"两个巩固"的根本任务，本质上是政治工作，宣传思想文化部门是政治部门，在加强党的政治建设方面应该有更高标准和要求。

把党的政治建设摆在首位。旗帜鲜明讲政治是我们党作为马克思主义政党的根本要求。在革命、建设、改革各个时期，我们党都高

| 守正创新　新时代宣传思想文化工作能力提升八讲

度重视党的政治建设,形成了讲政治的优良传统。宣传思想文化战线必须把旗帜鲜明讲政治的要求融入工作全过程,引导宣传思想文化战线各级领导班子和领导干部高举中国特色社会主义伟大旗帜,坚持以马克思列宁主义、毛泽东思想、邓小平理论、"三个代表"重要思想、科学发展观、习近平新时代中国特色社会主义思想为指导,坚持党的基本理论、基本路线、基本方略,增强"四个意识"、坚定"四个自信"、做到"两个维护",以坚定态度、自觉行动、实际成效,坚决维护习近平总书记党中央的核心、全党的核心地位,坚决维护党中央权威和集中统一领导,自觉在思想上政治上行动上同以习近平同志为核心的党中央保持高度一致。

落实管党治党的主体责任。党的十九大提出,新时代党的建设总要求是:坚持和加强党的全面领导,坚持党要管党、全面从严治党,以加强党的长期执政能力建设、先进性和纯洁性建设为主线,以党的政治建设为统领,以坚定理想信念宗旨为根基,以调动全党积极性、主动性、创造性为着力点,全面推进党的政治建设、思想建设、组织建设、作风建设、纪律建设,把制度建设贯穿其中,深入推进反腐败斗争,不断提高党的建设质量,把党建设成为始终走在时代前列、人民衷心拥护、勇于自我革命、经得起各种风浪考验、朝气蓬勃的马克思主义执政党。[1] 党的二十大进一步强调,我们要落实新时代党的建设总要求,健全全面从严治党体系,全面推进党的自我净化、自我完善、自我革新、自我提高,使我们党坚守初心使命,始终成为中国特

---

[1] 习近平:《决胜全面建成小康社会 夺取新时代中国特色社会主义伟大胜利——在中国共产党第十九次全国代表大会上的报告》,《人民日报》2017年10月28日。

色社会主义事业的坚强领导核心。①宣传思想文化战线必须贯彻好新时代党的建设总要求，从严抓好宣传思想文化战线党建工作，把党的全面领导贯彻到宣传思想文化领域各方面，毫不动摇坚持党管宣传、党管意识形态、党管媒体、党管互联网，坚持政治家办报、办刊、办台、办新闻网站。

严明政治纪律和政治规矩。政治纪律是党最根本、最重要的纪律，是净化政治生态的重要保证。把坚决做到"两个维护"作为首要政治纪律，在宣传思想文化战线持续深入开展忠诚教育，开展"守纪律、讲规矩"模范机关创建和先进个人评选活动，教育督促领导干部始终对党忠诚老实，决不允许在重大政治原则问题上、大是大非问题上同党中央唱反调，搞自由主义。坚持"五个必须"，必须维护党中央权威，决不允许背离党中央要求另搞一套；必须维护党的团结，决不允许在党内培植个人势力；必须遵循组织程序，决不允许擅作主张、我行我素；必须服从组织决定，决不允许搞非组织活动；必须管好领导干部亲属和身边工作人员，决不允许他们擅权干政、谋取私利。严守党的宣传纪律和工作纪律，认真贯彻《中国共产党宣传工作条例》和宣传思想文化领域其他法律法规，不折不扣贯彻党的宣传思想文化工作的重要原则和方针政策。

三、牢牢掌握意识形态工作领导权

新时代做好意识形态工作，必须坚持和加强党对意识形态工作的

---

① 习近平：《高举中国特色社会主义伟大旗帜　为全面建设社会主义现代化国家而团结奋斗——在中国共产党第二十次全国代表大会上的报告》，《人民日报》2022年10月26日。

全面领导,把意识形态工作领导权牢牢抓在手里,更好巩固和发展主流意识形态,不断增强意识形态领域主导权和话语权,不断坚定广大干部群众的道路自信、理论自信、制度自信、文化自信,不断提升党、国家和民族的凝聚力、向心力。

牢牢把握意识形态工作正确方向。建设社会主义意识形态,立场方向至关重要。如果立场动摇了、方向走偏了,那就会出大问题。要始终绷紧政治这根弦,牢固树立政治意识、大局意识、核心意识、看齐意识,在政治立场、政治方向、政治原则、政治道路上同以习近平同志为核心的党中央保持高度一致,以实际行动维护好习近平总书记党中央的核心、全党的核心地位,维护好党中央权威和集中统一领导。无论是广播电视、新闻出版单位,还是社科理论、文化艺术单位,无论是传统媒体还是新兴媒体,都要自觉置于党的领导之下,自觉"用一把尺子量到底",传播好党的声音和主张,决不允许有"法外之地"和"舆论飞地"。

坚持不懈用习近平新时代中国特色社会主义思想武装全党。掌握意识形态工作领导权,最重要的就在于加强理论武装,推动习近平新时代中国特色社会主义思想深入人心。要按照学懂弄通做实的要求,坚持读原著、学原文、悟原理,深入系统学、及时跟进学,做到学思用贯通、知信行统一。统筹理论学习、宣传、研究工作,深入研究宣传阐释习近平新时代中国特色社会主义思想的时代背景、历史地位、科学体系、丰富内涵、精神实质,不断深化对这一思想的理论品格、思想脉络、实践价值的认识,坚持不懈用习近平新时代中国特色社会主义思想武装干部群众头脑,做到进企业、进学校、进机关、进农村、进社区、进军营、进网络,真正用以指引全党全

第八讲 把提升宣传思想文化工作能力作为一项基础性、战略性工程来抓

国各族人民不断前进。

大力推动传播手段建设和创新。随着国内外形势的深刻变化和现代信息技术的迅猛发展,做好意识形态工作,比以往任何时候都更加需要创新。要重点抓好理念创新、手段创新、方式方法创新,积极探索有利于破解工作难题的新举措新办法,充分运用新技术新应用创新媒体传播方式,占领信息传播制高点。要坚持正确舆论导向,适应新形势下传播形态、传播格局的深刻变革,推进传统媒体和新兴媒体深度融合,建好县级融媒体中心,提高新闻舆论传播力、引导力、影响力、公信力。要创新对外话语表达方式,研究国外不同受众的习惯和特点,采用融通中外的概念、范畴、表述,把我们想讲的和国外受众想听的结合起来,把"陈情"和"说理"结合起来,把"自己讲"和"别人讲"结合起来,使中国故事更多为国际社会和海外受众所认同。

严格落实意识形态工作责任制。做好意识形态工作,必须坚持全党动手。要压紧压实做好意识形态工作的政治责任、领导责任,全面落实意识形态工作责任制。要加强阵地建设和管理,认真贯彻主管主办和属地管理原则,切实做到守土有责、守土负责、守土尽责,使各类意识形态阵地始终成为传播先进思想文化的坚强阵地,决不给错误思想观点提供传播渠道。当前,思想舆论领域存在红色、黑色、灰色"三个地带"。红色地带是我们的主阵地,一定要守住,决不能丢了;黑色地带主要是负面的东西,要坚决管控,大大压缩其地盘,逐步推动其改变颜色;灰色地带要大张旗鼓争取,加快使其转化为红色地带,防止其向黑色地带蜕变。要发扬斗争精神,始终站在意识形态斗争第一线,敢抓敢管、敢于亮剑,与否定党的领导、否定

中国特色社会主义制度等错误言行作不懈斗争。习近平总书记指出，对违反四项基本原则的，所在地方和单位要切实管起来，决不能让这些人在那里舒舒服服造谣生事、浑水摸鱼、煽风点火、信口雌黄。意识形态领域敏感度高、关注度高，在管理和引导上要注意把握好时度效，掌握好时机、节奏、力度和范围，讲究方式方法。要正确区分和处理政治原则问题、思想认识问题、学术观点问题，无论处理什么问题，都要有利于坚持和加强党的全面领导，有利于凝聚党心民心，有利于促进改革发展稳定。

四、全面加强宣传思想文化工作队伍建设

加强党对宣传思想文化工作的全面领导，根本在人才，根本靠队伍。要以开展"四力"教育实践工作为抓手，以反对形式主义、官僚主义为突破口，努力打造一支政治过硬、本领高强、求实创新、能打胜仗的宣传思想文化工作队伍。

以政治家的标准配好配强领导班子。打铁还需自身硬。宣传思想文化部门工作要强起来，首先是领导干部要强起来，班子要强起来。在班子配备的时候，必须把政治标准放在第一位，突出绝对忠诚、绝对可靠的政治标准，确保宣传思想文化工作领导权牢牢掌握在忠于党、忠于人民、忠于马克思主义的人手中。以政治家的标准严格要求。宣传思想文化干部必须提升素质能力，不断掌握新知识、熟悉新领域、开拓新视野。要不断增强脚力，俯下身、沉下心、察实情，用群众喜闻乐见的方法宣传党的科学理论、阐释方针政策、传播主流价值。不断增强眼力，练就一双慧眼，善于观察、善于发现、善于分析、善于

辨别，进一步提高发现真善美的能力、发现主旋律的能力、发现正能量的能力。不断增强脑力，勤于思考，善于思考，始终保持思想的敏锐性，善于透过现象看本质，善于把握事物发展规律。不断增强笔力，提高语言文字的驾驭能力，以鲜活生动的群众喜闻乐见的语言进行有效表达，让宣传思想文化工作引人入胜、深入人心。以改革家的标准推进工作。"不日新者必日退。"宣传思想文化干部必须结合新时代新使命新要求，提升创新能力。善于进行理论创新，为实践提供强大的理论支撑；善于进行内容、形式、体制机制的创新，使宣传思想文化工作更加充满生机和活力，把新时代的宣传思想文化工作做得更加出彩。

力戒形式主义、官僚主义。习近平总书记强调，形式主义、官僚主义是目前党内存在的突出矛盾和问题，是阻碍党的路线方针政策和党中央重大决策部署贯彻落实的大敌，要把力戒形式主义、官僚主义作为重要任务，从讲政治的高度来审视，从思想和利益根源上来破解。①形式主义、官僚主义是党和国家事业发展的大敌，是影响宣传思想文化工作实际效果的顽疾。当前，我们正处在全面建设社会主义现代化国家新征程的关键时期。面对新的使命任务，面对人民群众对美好生活的向往，宣传思想文化干部必须更加锐意进取、奋发有为，突出"实"、力戒"虚"。坚持一切从实际出发，大兴调查研究之风，把情况摸清楚，把问题找准确，把举措搞对路，创造性开展工作。崇尚实干，力戒表态多调门高、行动少落实差，要敢抓敢管、敢于担当，实打实、硬碰硬，一项一项、一件一件地抓。

---

① 《习近平关于力戒形式主义官僚主义重要论述选编》，中央文献出版社2020年版，第45页。

务求实效，着眼效果谋划工作，围绕效果推进工作，根据效果检验工作，注重动态调整、反馈改进、科学评估，真正使工作得到人民认可、经得起实践检验。

后 记

守正创新做好新时代新征程宣传思想文化工作,关键在党、关键在人。本书以习近平新时代中国特色社会主义思想特别是习近平文化思想为指导,以新时代新征程宣传思想文化工作的历史方位和使命任务为背景,以宣传思想文化工作能力提升为主题,以宣传思想文化战线增强"四力"教育实践活动为抓手,系统介绍了新时代宣传思想文化工作能力提升的时代背景、核心要义、丰富内涵和实践要求,对各级领导干部特别是宣传思想文化战线工作者进一步提高政治素质、增强业务本领、锐意创新创造、锤炼优良作风,推动宣传思想文化工作在政治上强起来、业务上强起来、队伍上强起来,具有较好的参考借鉴作用。

本书由中宣部全国宣传干部学院教研部主任秦强博士牵头组织编写,全国宣传干部学院乔如正、中央广播电视总台机关党委张新阳、西南政法大学樊伟、天津市委宣传部赵均、山东省委宣传部王安琛、甘肃省委宣传部张娜、江西省吉安市委宣传部王绍德、中国海洋大学科学技术处宋欣、昆明理工大学马克思主义学院詹筱媛、深圳城市职业学院罗若昕等同志共同参与了本书的编写工作。其中，部分章节系合作完成。

本书编写过程中参考了众多专家学者的观点、论述，限于本书体例没有一一列出，在此表示感谢和致歉。同时，由于编者学识水平有限，书中肯定存在不少疏漏甚至错误之处，恳请广大读者和有关专家不吝批评指正。

编者

2025 年 7 月